아이거
북벽

지상에서 가장
아름다운 도전

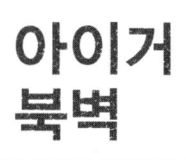
아이거
북벽

정광식 지음

경당

아직도 철 덜 든 아들 때문에
잠 못 이루시는 어머니께 바칩니다

그 후 20년

20년!

북벽에서 내려온 지 벌써 20년이 지났고 난 아직도 살아 있다. 그 동안 몇 번인가 원정을 다녀왔지만 손가락, 발가락 하나 동상으로 잃지도 않았으니 운도 억수로 좋은 편이다. 취리히에서 헤어지고 혼자 뉴욕으로 돌아가 동상을 치료한 후 런던에 가서 살았고, 카이로에서 그리고 카트만두에서 살았고 지금은 홍콩에서 살고 있다. 제 눈에 이쁜 여자 만나 사랑하고, 결혼도 했고 보통사람이라는 것을 애써 증명이라도 하려는 듯, 아들 딸 하나씩 낳고 가늘고 길게 살고 있다

홍콩엔 40층짜리 아파트도 흔하다. 하지만 10층 이상에서는 안 살고 싶다. 30미터까지는 떨어져서 살아나봤어도 그 이상은 경험이 없어 자신없다. 인과응보라고, 의사 말 안 듣고 깁스 풀기도 전에 술 마실 때는 좋았지! 이제 그 대가를 치르고 있다. 산에 가서 걷기 시작하면 몸이 풀리기까지 처음 몇 십 분은 지

난 날 산에서의 사고들을 회상하는 시간이다. 여기 아픈 곳은 몇 년도 다친 곳, 여기는 언제 부러졌던 곳, 여기는 언제…….

하지만 난 여전히 꿈을 안고 산다. 매일 아침 아내의 눈치를 살피며 몸 무게를 재고 체중이 늘지 않았음을 확인하고 안도한다. 언젠가 한국에 돌아가 살게 되면 다시 표범(도봉산 선인봉의, 한때는 제일 어려웠던 바위 길) 톱 서야지 하는 야무지지만 실행하기 어려운 꿈을 버리지 않고 있고, 아직도 언젠가는 또 올라야 할 하얀 산도 하나 은밀히 감추고 있기 때문이다. 비겁하게?

10여 년 전 『영광의 북벽』이란 책이 처음 나올 수 있게 해주신 수문출판사 사장 이수용 산 선배님께 뒤늦은 감사의 말을 드리고 싶다. 그리고 처음 내게 아이거 북벽에의 동경에 불을 지펴준 하인리히 하러 선배의 『하얀 거미』와, 그 동경이 실현되도록 용기를 얻게 해준 아서 로스의 『아이거 : 죽음의 벽』이라는 책에도 갚지 못할 신세를 졌다. 또한 그 벽을 함께 올랐던 산 친구 둘 모두가 (여전히 같이 술 마실 수 있도록) 아직도 살아 있음이 고맙다. 하지만 무엇보다도 고마운 것은 (이 책을 새로이 내기 위해 다시 읽어보고는 몹시 부끄러워했다) 이것도 글이냐고 집어던지지 않고 10여 년간 읽어주신 강호의 여러 산꾼들의 너그러움이다.

2003년 7월

차례

그 후 20년 __ 6
내가 죽어 못 돌아오면 __ 11
죽음의 합격자 __ 13
아이거 북벽이란 곳 __ 19
죽은 후를 부탁해요 __ 26
재회주 __ 33
불효자의 회한 __ 40
"북벽은 살아서 움직인다네" __ 46
통나무집 베이스 캠프 __ 49
빈대 점심 __ 55
정설거사 __ 59
어찌 산만을 야속타 하리오 __ 63
예행 연습 __ 67
일본인 주방장 원터 __ 71
런던은 기다리는데 __ 75
묀히 등반 __ 78

오르자, 찌르자! __ 85
내일은 비, 모레도 비, 글피도 비 __ 88
고도를 버려 되찾은 활기 __ 95
결전은 다가오고 __ 100
미리 하는 하직 인사 __ 103
각자 살기 __ 108
제비의 집으로 쏟아지는 별 __ 115
위기의 순간 __ 119

끝없는 낙석__126
죽음의 비박__129
북벽의 아침은 햇살과 함께 오지 않는다__132
끈적한 삶의 욕망__135
얼음 위에 매달린 빨간 시체__139
유혹__142
람프를 벗어나다__147
아름다운 추락__151
대답 없는 선우__154
첫 실수는 바로 마지막 실수__159
신들의 트래버스__161
거미줄에 걸린 세 마리의 하루살이__164
눈사태와 빨간 빙수__170
하늘이 보인다__173
정상 설원__177
손가락 끝에서 올라가는 불__180
달빛과 하얀 능선 사이__183
싸움의 끝__185
또 한 번의 추락__189
자일의 확보가 필요없는 평지에서__194
이별주__200
나의 사랑하는 동기들에게__202
산에 바친 청춘들을 추억하며 - 박인식__204

부록__215

내가 죽어 못 돌아오면

　　　　　1982년 7월 20일, 하루 종일 업무 인계하랴, 작별 인사하랴, 허둥대면서 바쁘게 보냈지만 계획대로 모든 걸 완벽하게 정리했다. 다시 이 책상에 앉지 못할지도 모른다는 비감한 생각에, 다음 이 자리에 앉을 사람을 위해 책상 서랍 속의 먼지까지 깨끗이 닦아냈다.

　평소 가깝게 지내던 상사 한 분과 역시 가까이 지내던 미국인 친구의 배웅을 받으며 탑승 수속을 밟았다.

　"마치 동생 혼자 전쟁터로 떠나보내는 것 같네."

　"저도 형 곁을 떠나 전쟁터로 가는 기분입니다."

　우리가 주고받은 인사말의 전부였다.

　오후 9시 40분, 뉴욕 존 F. 케네디 공항을 출발하여 취리히로 가는 스위스항공의 비행기는 이륙을 위해 미끄러지기 시작했다.

　아이거 북벽에의 원정 등반을 위해 떠나는 이 순간을 얼마나 오랫동안 갈망해왔던가! 사랑하는 두 친구를 아이거에 빼앗긴

지 1년, 나는 그들의 한을 풀어주고자 이를 갈면서 아이거에 갈 것을 맹세했다. 새벽 공기를 가르며 아스팔트 위를 달렸고, 손바닥에 굳은 살이 박히고, 그 살이 다시 터지도록 철봉에 매달렸다.

 이제 그 날이 왔다. 내가 그들과 같이 되든, 아니면 살아서 돌아오든 둘 중의 하나일 운명의 길을 향해 떠나고 있는 것이다.

뉴저지주의 허드슨 강변 둑에서.
친구를 앗아간 아이거 북벽에
도전하기 위해 훈련을 하고 있다.

죽음의 합격자

1981년 7월 어느 날 간밤에 마신 술이 덜 깬 채 출근했을 때, 책상 위에는 밤새 들어온 텔렉스 전문이 놓여 있었다. 졸린 눈을 껌벅이며 기계적으로 한 장씩 읽어 내려가다가 'PRIVATE'라고 쓰여진 개인적인 사신 텔렉스에 시선이 멎었다.

ATTN : K.S. CHONG (수신 : 정광식)

발신이 누구인가? 텔렉스의 제일 아래쪽을 보았다. 윤태식, 서울에 있는 인하대 산악부 출신의 우리 동기였다. 눈을 다시 끌어올려 본문을 읽어 내려갔다.

제목 : 아이거 북벽
내용 : 북벽 정찰을 위해 서릉 등반 중 낙뢰로 인해 두 명 사망, 두 명 부상

그리고 괄호 안에 사망자의 이름이 열거되었다. 숨을 죽였다. 일순 합격자 명단을 보는 듯한 초조감을 느꼈다. 죽음에의 합격자!

　　신건호와 주동규

　장을 넘겼다. 다음 장은 사우디의 공사현장으로부터 들어온 자재 발주 요청 건, 그 다음 장은 이집트 카이로 지사에서 들어온 회신 독촉 건.
　마치 아무 일도 없다는 듯 수북이 쌓인 전문들을 모두 읽고 나서 커피포트로 걸어가 커피를 따라 왼손에 들고 어제 채 완성하지 못한 계약서를 끝내기 위해 타자기 앞에 앉았다. 그제야 내 머릿속은 슬퍼할 여유를 찾았다는 듯이 가슴이 저며오기 시작했다.
　그들이 죽었다. 사람 좋고, 항상 건들건들 걷던 건호 형과 인정 많던 동규가 죽다니…….
　나는 밤새도록 술을 마시며 꺼이꺼이 울다가 날이 훤하게 밝아올 때쯤에야 지쳐서 잠이 들었다.

　우리 한국대학산악연맹 제7기(74학번) 동기들은 다른 사람들이 질투할 정도로 친했다. 일주일에 닷새는 같이 몰려다니며 술 마시고, 토요일과 일요일은 동기 산행이라는 미명하에 함께 암

설악산 동계 훈련을 마치고

설악산 와선대에서
악우들과 함께.

벽 등반을 하고는 또 마시고. 이런 전형적인 악우(岳友)들 사이에서 해외 등반이 거론되는 것은 당연한 귀결이었고, 한 번 거론되자마자 그 계획은 열기를 띠며 구체화되었다. 그러던 중 급기야 절주(節酒)라는 지극히 실행하기 괴로운 구호와 함께 원정 등반에 필요한 기본 체력의 향상을 위해 서킷 트레이닝*을 종로 2가 YMCA 역도실에서 매주 세 번 일과 후에 실시했고, 주말이면 서울 근교에서 암벽 훈련을 했다.

*서킷 트레이닝 Circuit Training : 필요한 등산에서 최대의 효과를 거두기 위해 여러 형태의 운동을 일정한 순서에 의해 반복하는 운동 방식.

내가 회사(동산토건, 현 두산건설)로부터 뉴욕 지사로 발령을 받은 것은 이때쯤이었고 회사를 따르느냐, 아니면 회사를 그만두고 원정 등반을 가느냐라는 선택의 기로에 서게 되었다. 이 이야기를 들은 건호 형은 지금이 좋은 기회라며 뉴욕 행을 종용했다. 결국 나는 그 길이 산과 현실에의 타협임을 실감하며 트레이닝을 계속하는 건호 형과 동기들의 곁을 떠나 뉴욕으로 향했다.

건호 형은 한국대학산악연맹 제4기로서 인하대 산악부 출신이었다. 나는 그와 인수봉 대슬랩 밑에서 우연히 몇 번 만나고 나서부터 알게 되었고, 그 후 자연스럽게 우리 동기들과 친해졌다. 우리들은 그를 알프스 원정 등반시 대장으로 모시고 가기로 결정해놓고 있었다.

내가 미국에서 산과 동기들을 그리워하는 쓸쓸한 객지 생활을 하고 있는 동안, 계획은 착착 진행되었다. 1981년 6월 30일 '81 한국 알프스 원정대'는 드디어 감격적인 발진을 하여 독일 뮌헨의 등산 장비 공장에서 장비를 구입하고 스위스로 가서 1차 목표인 아이거 북벽 밑에 베이스 캠프를 치기에 이르렀다.

대장에는 신건호, 대원은 윤일웅, 여송필, 빈창선, 남선우, 조영의, 전석훈, 주동규 등 모두 여덟 명이었다.

7월 8일, 북벽 정찰 겸 아이거의 암질을 익히기 위해 두 명씩 3개조로 편성(A조:남선우와 조영의, B조:신건호와 전석훈, C조:빈창선과 주동규)하여, 가장 쉬운 서측면 루트로서 북벽 정찰시 혹

81 한국 알프스 원정대 대원들. 내가 뉴욕에서 산을 그리워하며 객지 생활을 하는 동안 원정대는 출발했고, 그곳에서 두 명이 목숨을 잃었다. 왼쪽부터 주동규, 조영의, 빈창선, 신건호, 2명의 독일인, 전석훈, 남선우, 여송필.

은 등반 후 하강시에 주로 이용되는 서릉의 리지* 등반에 나섰다.

서릉의 4분의 3 지점 정도에 도달했을 때, 날이 어두워지고 B조와 C조가 비박* 준비를 하는 동안 일기가 급변하여 번개가 치기 시작했다.

일순 번쩍이는 섬광―.

한참 뒤 빈창선, 전석훈 대원이 정신을 차렸을 때는 신건호 대

---

*리지Ridge: 바위 능선.

*비박Bivouac: 등반 중 산장, 대피소, 텐트 등을 이용하지 않고 밤을 지내는 것을 말하며, 노숙이라고도 한다.

장은 보이지 않았고 벼락에 맞아 녹아버린 하켄*과, 목 부위에 큰 상처가 난 채 피투성이가 된 주동규 대원의 시체가 나뒹굴고 있었다.

등에 멘 배낭 안에 있던 가스통이 폭발하면서 입은 화상과 부러진 발가락의 고통으로 빈창선과 전석훈 대원은 신음과 슬픔 속에 날이 밝기를 기다렸다가 필사적인 하강을 시작했다.

한편 정상 부근에서 비박한 A조의 남선우와 조영의 대원은 다음날 아침 서릉을 통해 정상에 도달했다. 그리고 하강하기 시작하여 두어 시간 정도 내려갔을 때, 저 멀리 설원에서 빨간 윈드재킷* 비슷한 것을 발견했다. 불길한 예감으로 가까이 가기 싫은 발걸음을 억지로 떼어 그곳으로 향했다. 그것은 눈 위에 엎어져 있는 대장의 주검이었다. 그들이 비박을 준비하던 곳에서 1백m나 떨어진 지점이었다.

곧 이어 하강하고 있던 빈창선, 전석훈 대원을 만나 사고의 전말을 전해듣고, 남선우 대원은 무서운 속도로 밑으로 치달아 헬기 구조를 요청했다.

이렇게 우리는 두 명의 친구를 잃었다.

*하켄Haken : 바위의 갈라진 틈에 박아 등반자의 몸을 연결시켜 추락을 방지하거나 추락 거리를 줄이는 암벽 등반용 못.
*윈드 재킷Wind Jacket : 비나 눈 혹은 바람으로부터 체온을 보호하는 겉옷.

아이거 북벽이란 곳

아이거(Eiger)는 스위스 알프스의 베르네 오버란트에 있는 산의 하나로 3,970m의 정상은 세계의 여러 고산과 비교할 때, 결코 높은 봉우리가 아니다. 그것은 주위의 5형제봉, 즉 동쪽으로는 베터호른(3,701m)과 슈렉호른(4,078m), 서쪽으로는 묀히(4,099m)와 융프라우(4,158m)의 가운데 있지만, 그중에서조차도 가장 높은 봉우리가 아니다. 그럼에도 불구하고 아이거 북벽은 오늘날에도 가장 어려운 벽으로 꼽히고 있다.

1858년 8월 11일, 아일랜드의 등산가 찰스 배링톤과 그가 고용한 두 명의 그린델발트 가이드에 의해 가장 쉬운 서릉 루트로 정상이 초등된 이후 남서릉(1876년), 미텔레기 능(1921년), 라우퍼 능(1932년) 등의 새로운 루트가 개척되었지만, 거의 수직으로 솟아 있는 북쪽의 벽만은 애당초 등반 불가능으로 간주되었다. 아이거 북벽과 함께 '알프스의 3대 북벽'으로 악명을 떨쳤던 마터호른(4,478m) 북벽과 그랑드 조라스(4,208m) 북벽이

1931년과 1935년에 각각 초등되자 한동안 아이거 북벽은 '알프스 최후의 과제'로 불렸다.

알프스 전체를 통틀어서 가장 거대한(정상에서부터 벽의 밑동까지의 고도차 1,800m) 아이거 북벽은 부스러지기 쉬운 검은 석회암으로 이루어져 있다. 북벽에는 해가 오래 머물지 않는다. 오후의 지는 해가 북벽의 상단을 스치고 지나갈 때 벽에 단단히 얼어붙어 있던 돌들은 마침내 그들의 자리를 이탈하여 마치 폭격기가 폭탄을 퍼붓듯이 북벽의 여기저기로 떨어지기 시작한다. 설원의 끝에 매달려 있던 고드름들은 무서운 속도로 휘파람 소리를 내며 떨어지고 눈이 녹아 흐르는 물은 발 디딜 데를 미끄럽게 만들고 다른 돌들을 움직이게도 하며 폭포로 변해간다.

북벽을 오르기 위해 왔던 한 등반가는 북벽을 쳐다보고서는 "저것은 등반이 아니고 바로 전쟁이다"라고 하며 두려움으로 돌아섰다.

날씨는 또한 어떠한가. 움푹 파인 모양과 바람맞이 위치로 인해 단 몇 분 만에도 북벽은 폭풍우의 소용돌이에 휩싸여버릴 수 있다.

눈 녹은 물이 흐르는 바위를 기어오르느라 옷이 온통 젖어버린 클라이머들은 한 순간 갑자기 몰아치는 눈보라 속에 갇혀버리기 일쑤다. 옷은 순식간에 갑옷처럼 빳빳하게 얼어가고, 손 잡을 데와 발 디딜 곳은 모조리 눈으로 덮여버리며, 자일은 막대기

같이 뻣뻣해지고, 눈사태는 그들을 휩쓸어버릴 듯이 쉬지 않고 쏟아져 내린다. 번쩍이는 벼락은 클라이머들의 몸을 바위에서 떨어지지 않게 확보해주는 하켄을 때려서 녹여버리기도 한다. 실제로 관광객들이 저 아래 그린델발트의 호텔 테라스에서 일광욕을 즐기고 있는 동안에, 구름 속에 갇힌 아이거 북벽에서는 광폭한 폭풍설에 클라이머들이 하나둘 스러져간 경우가 허다했다.

그러면 '아이거 북벽 공동묘지'의 첫번째 손님은 누구인가?
1935년 여름, 독일에서 온 막스 세들마이어와 칼 메링거라는 두 젊은 클라이머가 4박 5일 동안 눈보라 속에 갇혀 있다가 행방불명이 되었다. 1년 뒤, 막스 세들마이어의 동생인 하인리히 세들마이어는 몇몇 친구들과 함께 형의 시체를 찾기 위해 북벽을 올라가던 중, 쌓인 눈 위로 삐져나온 사람의 손가락을 발견했다. 그들은 막스 세들마이어의 시체를 파낸 후 시체의 두 팔과 다리를 잘라 몸통과 함께 큰 백 안에 넣고 간신히 내려왔다. 세들마이어는 피로와 추위로 칼 메링거가 먼저 죽음을 당하자, 혼자 오르다가 눈사태에 휩쓸려 떨어진 것으로 추측되고 있다. 사고가 난 그 해 북벽 옆을 비행한 파일럿이 칼 메링거의 시체를 발견했는데, 그 후로 그곳을 '죽음의 비박(Death Bivouac)'이라고 부르게 되었다. 그 후 칼 메링거의 시체도 눈사태에 휩쓸렸는지 27년 뒤인 1962년, 훨씬 아랫부분인 '제2설원(Second Ice Field)'

에서 등반 중이던 스위스 팀에 의해 다시 발견되었다.

　다음해인 1936년 8월 18일 새벽 2시, 북벽 밑을 출발한 안데를 힌터슈토이서를 비롯한 네 명의 독일 및 오스트리아 등반대는 북벽 하단부의 관문이 되는 80도 경사의 가파른 절벽 위를 처음으로 트래버스*함으로써 북벽 등반의 성공 가능성을 훨씬 앞당겼다. 그 후 그곳은 '힌터슈토이서 트래버스(Hinterstoisser Traverse)'라고 불리게 되었다.

　그러나 그중 한 명이 제2설원을 통과하다 위에서 떨어진 낙석에 맞아 부상을 입고, 더 이상 전진할 수 없게 되자 퇴각하려 했으나, 얼어붙은 힌터슈토이서 트래버스를 거꾸로 다시 건너갈 수 없어 전원이 차례로 추락, 혹은 추위로 죽어가지 않을 수 없었다. 그 후 1937년과 1938년에도 세 명의 목숨을 더 앗아가 아이거 북벽은 초등되기도 전에 아홉 명의 희생자를 필요로 했다.

　1938년은 아이거 북벽 등반의 역사에서 새로운 장을 여는 해로 기록된다. 그 해 여름, 아이거 북벽은 독일에서 온 안데를 헤크마이어, 루드비히 푀르크와 오스트리아에서 온 프리츠 카스파레크, 하인리히 하러에게 마침내 초등을 허락하고야 말았다.

　7월 21일 새벽 2시의 어둠 속에서 북벽을 오르기 시작하여 제2설원의 밑부분에서 첫번째 비박을 한 카스파레크와 하러는 그

* 트래버스Traverse : 한 지점에서 비슷한 고도의 다른 지점으로 수평 이동하는 것.

다음날 무서운 속도로 그들을 따라잡은 헤크마이어, 푀르크와 함께 세 번을 비박하며 쏟아지는 눈사태를 이겨내고 7월 24일, 드디어 정상에 올라섬으로써 '알프스 최후의 과제'를 해결하고야 말았다. 그들의 초등 기록을 담은 하러의 『하얀 거미』는 오늘날에도 전세계 클라이머의 마음을 동경으로 설레게 하고 있다.

그 후 북벽은 1947년 여름 루이 라쉬날과 리오넬 테레이에 의해 두번째로 등정되면서 세계 각국의 유명한 클라이머들을 불러들였다. 그들은 자신들의 등반 실력의 우수함을 인정받기 위해, 혹은 곤란한 등반의 대명사인 아이거 북벽의 유혹을 물리치지 못해 자신들의 몸을 내던진 것이다. 아이거 북벽은 아무리 탁월한 등반가일지라도 그의 행동이 자유스러워지기 위해 한 번은 치러내야 할 마지막 시험이기 때문이다.

그 동안 많은 우수한 클라이머들이 북벽의 낙석과 등반의 곤란함을 이겨내고 정상에 올라섰다. 그러나 또한 그에 못지않게 50명이 넘는 젊은 클라이머들이 북벽에서 사라져갔다. 그들도 모두 예외 없이 우수한 등반가들이었다. '하얀 살모사'라는 별명을 가진 아이거 북벽에서는 쉬운 루트라고는 없기 때문에 어느 누구도 등반가로서의 자질을 인정받기 전에는 시작조차 할 수 없는 것이다. 즉 죽을 자격을 갖추어야 시작이라도 할 수 있다.

그들은 등반 중 추락하기도 했고 눈사태에 휩쓸리기도 했다.

그들의 머리는 바위에 부딪혀 깨어지고 몸은 갈가리 찢기었으며 눈 속에 얼어붙어 갔다. 그들은 올라가지도 내려가지도 못할 조그만 테라스에 갇힌 채 추위와 굶주림으로 죽어갔으며, 그들의 시체는 자일에 묶인 채로 2년 동안이나 허공에 매달려 있기도 했고, 정상을 불과 몇 미터 남겨놓고 눈사태에 휩쓸려 2천m 아래 북벽 제일 밑바닥까지 몸을 날리지 않으면 안 되었다.

(아서 로스의 『아이거 : 죽음의 벽』, 하인리히 하러의 『하얀 거미』 등에서 발췌)

결코 호락호락 자신을 내주지 않는 아이거 북벽.

수많은 클라이머들이 이 죽음의 벽에 도전했으나

실패하고, 공동묘지의 일원이 되어야 했다.

죽은 후를 부탁해요

　　1982년 7월 21일 오전 11시 15분, 비행기는 정시에 취리히 공항에 도착했다. 온통 산으로만 이루어져 있다고 들어오던 스위스인지라 비행장도 산을 깎고 계곡 위를 철교로 가로질러 위태하게 만들어진 줄로만 알았는데, 제법 넓은 평지 위로 활주로가 길게 뻗어 있어 의외였다.

　　짐을 찾아서 세관을 벗어났다. 나를 기다리는 사람은 아무도 없다는 것을 알면서도 마중객들을 휘 둘러보았다.

　　나는 아무도 나를 기다리는 사람이 없는 공항에서 빠져나오는 것을 좋아했다. 짐수레를 밀면서 공항 문을 나오는 순간 마중 나온 수많은 사람들의 시선이 쏠릴 때, 어색해하며 당황하는 모습이 나를 아는 사람의 눈에 띄길 두려워하기 때문이었다. 몇 년 만에 우리나라에 들어올 때도 종종 집에 연락도 안 하고 갑자기 집 현관 문을 불쑥 열고 나타나, 놀라는 가족들을 보기를 좋아했다.

우선 2층에 있는 대한항공 취리히 사무소에 들렀다. 작년 원정 때 사고 뒷처리에 많은 도움을 주었다는 분을 찾아서 감사의 말을 드리고, 아이거 북벽을 다시 도전하기 위해 왔노라고 말했더니 걱정부터 앞세운다.

"그 험한 곳을 무엇 하러 다시 가십니까?"

"……혹시 작년과 같은 사고가 생길지라도 잘 부탁드립니다."

"……"

대답을 잊은 그를 뒤로 하고 지하 1층의 기차역으로 내려갔다.

취리히 공항은 지하 1층에서 곧바로 기차역과 연결되어 있어 수하물을 수레에 싣고 그대로 에스컬레이터로 내려갈 수 있어서 편리했다.

뮌헨 행 기차는 오전 7시 16분과 오후 12시 16분, 하루 두 차례. 뮌헨에서 다른 두 대원을 만나 사레와*에서 장비를 사기로 되어 있었다. 시계를 보니 12시 15분. 황급히 서둘러 기차표를 사려고 창구로 돈을 들이밀었더니 이미 늦었으니 내일 가라고 한다. 되든 안 되든 일단 시도나 한 번 해보겠다고 우겨 겨우 표를 사서는 2층의 플랫폼으로 구르다시피해서 내려갔다. 다행히도 기차가 5분 연착해 문제 없이 올라탈 수 있었다.

기차 안은 별로 붐비지 않아서 방 한 칸을 차지하고 배낭과 짐

---

*사레와Salewa: 뮌헨에 있는 등산 장비 회사.

을 쌓아놓았다.

  스위스와 오스트리아의 국경 역을 통과할 때 올라탄 세관원이 내 배낭을 한 번 눌러보고는 옷이냐고 물었다. 옷도 들었고 등산 장비도 들었노라고 대답하자 아무 소리도 없이 그냥 지나간다.

  지도를 보니 어느 새 독일 땅으로 들어서 있었다.
  오스트리아는 북서쪽의 귀퉁이를 스쳐 지나갔기 때문에 약 35분 만에 통과한 셈이다. 한 시간 만에 지나는 세 나라는 언뜻 보아서는 별 차이 없이 비슷비슷했고 깨끗이 정돈되어 있었다.
  나는 갑자기 생각난 듯이 배낭을 뒤적거려 'Guten Morgen (Good Morning)'부터 시작하는 독일어 회화책을 꺼냈다. 간단한 몇 마디라도 좀더 익혀두어야 했다. 고등학교 때 호랑이 같았던 독어 선생님이 왜 좀더 무섭게 가르치지 않았나 원망했다. 하지만 역시 몇 장 뒤적거리다가 어느 새 잠이 들어버렸다. 기차는 오후 5시 8분에 종착지인 뮌헨 역에 도착했다.
  역 안 환전소에서 약간의 달러를 독일 마르크화로 바꾸고는 공중전화 부스를 찾아 사례와 공장으로 전화를 걸었다. 몇 번을 걸어도 똑같이 녹음된 독일어가 흘러나오는 것으로 보아 아마 일과 시간이 끝났으니 내일 다시 전화하라는 소리인 듯싶었다.
  낭패였다! 작년의 원정대가 그러했듯이 공장에서 하룻밤 신세를 지려고 했는데…….

그래도 공장 근처라도 가서 자야겠다는 생각에 역 구내에서 뮌헨 시내 지도를 한 장 샀다. 역 바닥에 앉아 동서남북에 맞춰 지도를 정치해놓고 공장이 있는 타키크너 가의 위치를 찾았다. 사레와 공장은 역에서 그리 멀리 떨어져 있지는 않은 듯했으나 배낭 하나 외에도 장비와 식량으로 가득 찬, 한 50kg은 나가는 더플백이 상당히 무거웠으므로 과감히 택시를 타기로 했다.

정류장에 늘어서 있는 택시들은 모두 벤츠 아니면 BMW여서 내가 그 유명한 자동차들의 원산지인 독일에 왔음을 실감했다.

난생 처음으로 벤츠를 타고 10분쯤 걸려 도착한 타키크너 가의 사레와 공장은 이미 업무가 끝나서인지 조용한 가운데 마당에 듬성듬성 나 있는 풀들만이 나를 반기고 있어 마치 빈 집 같은 인상을 풍겼다.

여기가 바로 세계적으로 유명한—고작 우리 등산가들한테이긴 하지만—사레와 장비가 만들어지는 곳이구나 하며 두리번거리고 있노라니 티롤리안 모자를 쓰고 콧수염을 기른 키 작은 노인이 다리를 절름거리며 다가왔다. 관리인인 듯해서 말을 걸었지만 영어라곤 'OK'를 빼놓고는 단 한 마디도 할 줄 몰랐다. 그도 답답했던지 나를 공장 안 사무실 건물의 2층에 있는 어느 방으로 데리고 갔다.

방 안에 있던 신사는 영어를 할 줄 알았다.

아, 그런데 그 사람이 바로 후버 씨가 아닌가! 그는 내가 미국에서 보낸 전문에 회신을 해준 책임자로서, 그 자신이 직접 여러 번 눈부신 등반을 했으며 우리나라에도 몇 번 방문하여 인수봉에 오른 적이 있는 사람이었다.

그는 무척 호의적이고 친절했다. 나 역시 운이 좋았던지 그는 일과 시간이 끝났지만 마침 밀린 일이 있어서 퇴근을 하지 않고 있었다.

텔렉스로 이미 통보한 바 있지만 다시 한 번 방문한 목적을 자세히 이야기했다. 이 곳 공장에서 장비를 구입하여 아이거 북벽 등반을 떠난다고……

"장비 구입은 내일 다른 두 명의 대원이 도착하면 그때 하기로 하고 오늘은 좀 쉬시지요."

그가 말을 이었다.

"그리고 비싼 호텔에서 잘 필요가 없지요. 내가 공장의 빈 방을 내줄 테니 떠날 때까지 여기서 지내도록 해요, 원하신다면……"

그러면서 그는 조금 전 그 관리인을 인터폰으로 부르더니 여러 가지 지시를 하는 듯했다.

얼마나 친절한 호의인가! 만약 그가 그런 친절을 베풀지 않았다면 어디 다리 밑이라도 찾아나설 참이었던 나로서는 고맙기 그지없는 일이었다. 역시 산꾼인 그는 산꾼의 호주머니 사정을 잘 알고 있었다.

관리인을 따라 공장 부속 건물의 제일 꼭대기 층에 있는 아주 조그만 방으로 올라갔다. 서울의 작은 여인숙 방 크기만 한 그 방은 오랫동안 비워두었는지 먼지가 두텁게 앉아 있었다.

먼지를 대충 닦아내고 침낭을 배낭에서 꺼내 침대 위에 펴놓고 걸터앉으니 어느 훌륭한 호텔에 든 것보다 더 마음이 평온해졌다.

비로소 첫번째 난관을 해치운 듯한 안도감이 몰려왔다. 두번째 난관은 계획대로 다른 두 대원을 차질 없이 만나는 것이고 마지막 난관이란 물론 아이거 북벽이었다.

시간도 보낼 겸 공장을 나와 뮌헨 역까지 걸어가며 거리 구경도 하고 햄버거와 콜라로 저녁을 때웠다.

뮌헨 역에서 지도를 열심히 들여다보고 정확한 전차를 집어 타고 사레와 공장으로 돌아오자 시간은 10시 반쯤 된 듯한데 공장 문은 굳게 잠겨 있었다.

클라이머의 본능을 발휘하여 어디 넘어갈 만한 데 없나 열심히 찾아보았지만 중세의 성곽처럼 생긴 공장 건물의 앞면은 도무지 허술한 데라곤 보이지 않는 직벽이었다.

'두드리라, 그러면 열릴 것이니……'

성문(?)을 열심히 두드리다 보니 문 옆에 붙어 있는 스무 개 정도의 조그만 벨들이 보였다. 난감했다. 이 중 어느 것이 관리인의 것이란 말인가. 좋다, 나의 운수도 시험해볼 겸 제일 아래의 것을 눌렀다. 그러자 웬일인가? 적중한 것이다. 잠시 후 관리인이 나와 문을 열어준다.

    오늘은 여러 가지로 운수 좋은 날이다.

재회주

　　　　　창 밖 차양에 앉아 지저귀는 새소리에 잠에서 깨어 일어났다. 산악부 후배들로부터 질책 받는 꿈에 시달렸으나 아침 기분은 상쾌했다. 드디어 원정 등반이 시작되었다는 실감에…….

　오후 4시에 뮌헨 역에서 두 대원과 만나기로 되어 있었다. 그들이 타고 오는 말레이시아 항공에 물어본 결과 비행기는 예정대로 오전 7시 45분 프랑크푸르트에 도착했고, 프랑크푸르트에서 뮌헨까지 기차로 다섯 시간 가량 걸린다는 것을 감안할 때, 약속 시간보다는 일찍 오리라 예상하고는 서둘러 나갔다. 단 1분이라도 더 빨리 보고 싶은 마음이 간절했기 때문이었다.
　약속 시간이 한 시간 가까워지고, 30분이 가까워지도록 그들이 나타나지 않자 쓸데없는 불안감이 밀려왔다. 만에 하나 뭔가 잘못되어 오지 않는다면 나는 어찌해야 할까?
　'그냥 돌아간다?'

'아니지, 그럴 수는 없지. 그렇다면 나 혼자 아이거 북벽을 올라가?'

혼자 오르다가 폭풍설에 갇혀 오도 가도 못하고 얼어 죽어가는 자신을 그려보기도 하는 등 별별 불길한 생각을 다하며 시간을 보냈다.

별반 기대 없이 오후 3시 40분에 도착한 기차에서 내린 사람들을 살펴보던 나의 눈은 어느 순간 확 커졌다. 어디서 많이 본 사람이 걸어오고 있지 않은가. 그가 누구인가를 대뇌가 미처 판단하기도 전에 내 눈은 그의 뒤에서 걸어오고 있는 또 하나의 낯익은 얼굴을 발견했다.

그래, 그들은 나의 동기들, 나와 함께 북벽에 매달릴 남선우와 김정원이 아니었던가!

얼마나 반가운 몰골들인가! 하지만 우리들의 입은 마음과는 달리 지겨운 놈들을 또 만났다고 투덜대고 있었다.

선우는 중앙대 산악부 출신으로서 한국산악회 주최 히말라야 마칼루* 원정등반에 참가했다 돌아온 지 얼마 되지 않아서인지 얼굴이 검게 타 있었다. 정원이는 한양대 산악부 출신으로서 회사로부터 40일간의 휴가를 얻었다며 예의 그 순진무구한 얼굴로 자랑을 한다.

---

*마칼루 : 8,481m. 세계 5위 봉. 허영호 대원이 등정에 성공했다.

그들의 짐은 모두 다섯 개였다. 무겁긴 했지만 돈을 절약하기 위해 전차를 타고, 사레와 공장까지는 어깨로 져서 옮겼다.

후버 씨에게 올라가서 그들을 소개하고 좀더 넓은 방이 필요하다고 부탁하자 공장 부속건물 4층에 있는 35평은 됨직한 방 3개짜리 빈 아파트를 내준다.

짐을 들어올리고 모여 앉았다. 대학산악연맹 동기인 우리들은 대학교 3학년 시절 처음 만났을 때부터 그래 왔듯이 같이 있는 것만으로도 그저 즐거웠다.

산에 가면 항상 해오던 버릇대로 먼저 각자 자기 배낭을 끌러서 장비와 식량을 따로따로 모아놓았다. 오랜만에 구경하는 한국 식품들이 무척 반가웠다.

늦은 점심으로 끓여 먹은 한국산 라면 맛은 오랫동안 햄버거나 빵 조각만 먹던 나를 감격시키기에 충분했다.

식사를 끝내고 한 권 더 얻어온 사레와 카탈로그를 나누어 보면서 사야 할 장비 목록을 만들기 시작했다. 등반에 필요한 거의 모든 공동 장비는 물론 개인 장비 및 북벽 등반시의 식량도 여기서 구입하기로 한 것인데, 이는 상당히 장시간을 요하는 일이었다.

대강 마무리 짓고는 저녁식사를 하기 위해 뮌헨 역까지 걸어나갔다. 역 앞의 중국 레스토랑에서 서울에서 먹던 짬뽕 비슷한 것으로 저녁을 마치고는 번화가를 구경하면서 공장으로 어슬렁어

슬렁 돌아왔다.

그냥 들어가기에는 뭔가 미진한 게 있었다. 그렇지, 우리는 아직 재회주(再會酒)를 마시지 않았다. 공장 앞의 조그만 맥주 집에서 생맥주를 한 잔씩 앞에 놓고 둘러앉았다. 실로 얼마 만에 마시는 술이던가!

미국에서 지난 3월 1일부터 원정 등반을 위한 체력 훈련을 시작하면서 세운 금주라는 목표를 나 자신도 놀랄 정도로 잘 지켜왔었다. 나는 세상의 모든 일은 가능해도 금주만은 안 되는 줄 알았다.

뮌헨 역으로 가는 도중
남선우(왼쪽)와 함께.

1977년 1월, 대학교 3학년 때였다. 동계 지리산 장기 산행 중 빙벽 등반을 하다 30m 아래로 떨어져 머리뼈를 크게 다친 일이 있었다. 부서진 뼛조각을 끄집어내는 첫번째 수술 후, FRP로 머리뼈를 다시 만들어 집어넣는 2차 수술까지 6개월의 간격이 있었는데, 그 동안 만에 하나 발생할지도 모르는 후유증 예방을 위해 약을 복용해야 했다. 그런데 그 약은 알코올에는 전혀 효력을 나타내지 못하므로 절대 금주해야 한다는 의사의 충고를 무시하고 한 달을 채 못 넘기고 매일 술을 마셨다.

7학년(대학교 졸업한 지 3년 후를 우리는 이렇게 불렀다) 때, 인수봉에서 또 30m를 떨어졌을 때는 다리의 깁스와 허리의 쇠로 된 코르셋을 벗어버리기 전부터, 정확히 말해 퇴원한 그 날부터 술을 마셔대 보통 때보다 다리가 하나 더 많았음에도 불구하고 (목발 둘, 성한 다리 하나) 중심을 못 잡아 길에서 넘어지곤 했을 정도니, 멀쩡한 때는 술로 인한 추태가 얼마나 많았을지 쉽게 짐작하리라.

이러한 내가 근 5개월이나 술을 끊었음은 자랑할 만한 일이기 이전에 아이거 북벽의 무서움을 다시 한 번 절감케 하는 것이다.

등반의 시작을 축하하고 동기끼리의 재회를 기리는 한 모금의 맥주와 함께 우리는 등반의 세부 사항을 검토하기 시작했다.

우선 대장을 정해야지. 대장에는 그래도 작년에 아이거 등반 경험이 있는 선우가 적격이라는 데 의견이 일치했고 장비 담당까지 겸하기로 했다.

식량 및 촬영은 정원이 담당하기로 했다. 그리고 내가 기록,

회계, 섭외와 기상 등 여러 가지 잡다한 일을 맡았다.

등반비는 우선 1인당 미화 7백 달러씩 걷기로 했다. 이 금액으로 우리 셋이 만난 이후부터 헤어질 때까지 소요되는 여러 비용, 즉 왕복 항공료와 개인 장비비를 제외한 공동 장비비, 식량비, 교통비, 보험료 등 모든 비용을 충당하기로 했다. 나중에 모자라면 그때 가서 다시 생각하기로 하고.

그리고 북벽 등반은 몇 명이 할 것인가에 대해 이야기를 나누었다. 두 명이 좋겠다는 선우의 의견과 세 명이 좋겠다는 정원이와 나의 의견이 팽팽히 맞섰다. 각기 모두 장단점이 있다. 아이거 북벽같이 일기가 빨리 변하고 낙석이 심한 곳에서는 두 명이 등반할 경우 속도가 빨라 그만큼 위험을 줄일 수 있다는 것이 장점이고, 세 명일 경우는 한 명이 낙석이라도 맞아 부상당했을 때, 다른 두 명이 도와 빨리 탈출할 수 있어 적어도 전원이 몰사할 가능성이 줄어든다는 것이 장점이다. 하지만 나는 무엇보다도 동기들이 모였으니 모두 같이 오를 수 있기를 원했을 따름이다. 인정에 끌리지 않는 냉철한 대원 선정의 당위성을 인정 못하는 것은 아니지만······.

시간이 너무 늦어 공장 문이 잠길까 봐, 나중에 다시 결정할 문제로 남겨두고 우리는 열띤 토론을 중단한 채 공장으로 돌아왔다.

넓은 아파트 방안에 매트리스를 깔고 침낭을 펴고 누운 채 그 동안 밀린 이야기들을 하느라 우리들의 웃음소리는 그칠 줄 몰랐고, 어느 새 날이 밝아왔다.

불효자의 회한

오랜만에 밥을 해서 아침을 먹고 장비를 구입하기 위해 공장으로 내려갔다. 후버 씨의 비서가 우리를 공장의 창고로 안내해주었다. 창고는 들어서자마자 긴 카운터로 막혀 있었는데 그 너머로 빽빽이 들어선 진열대에 가득 쌓여 있는 많은 종류의 장비들이 눈에 들어왔다.

처음에는 창고 직원들이 우리가 요구하는 장비를 하나씩 가져다주었지만, 길게 적혀 있는 장비 목록을 보고는 아예 카운터 문을 열고 들어오라고 했다. 그리고는 구석에 서 있던 쇼핑카트를 세 대 끌고 와 손에 하나씩 쥐어주고는 창고 직원을 한 명씩 붙여주면서 원하는 장비를 직접 담으라고 한다.

당연하지, 그들도 그게 편하겠지.

상당히 넓은 창고 안에는 사례와 제품뿐만 아니라 유럽의 여러 유명 상표에서 미국 제품까지, 말 그대로 없는 것 없이 즐비하게 늘어서 있어, 마치 보물선에 올라탄 기분이었다.

장비 구입이 끝난 후 대금 지급을 하고 후버 씨에게 작별 인사도 할 겸 그의 방으로 올라갔다. 그는 사무실 벽장 속에 감추어 두었던 코냑 한 병을 꺼내 한 잔씩 따라주며 우리의 행운을 빌어주었다.

그는 뮌헨 근처의 질이 별로 좋지 않은 푸석바위 석회암과 인수봉 등반 이야기를 들려주었다. 우리는 그에게 머무는 동안 베풀어준 호의에 감사를 표하고 작별의 악수를 나눈 후 돌아왔다. 물론 코냑은 다 마신 후였다.

내일은 출발해야지.

선우와 정원이는 짐들을 꾸리고, 나는 회계 정리를 시작했다. 몇 개국 화폐와 그 동안 개인 돈까지 섞여버린 회계 정리를 하는 데 한 시간 넘게 끌다가 선우의 도움으로 겨우 끝마친 나는 내 머리의 산술적인 능력에 절망감을 느꼈다. 나는 변동 환율제를 적용하고 게다가 소수점 이하 두 자리까지 정확히 계산하려 했던 반면, 그는 열한 개를 세 명이 나누어 가지려면 한 명이 한 개를 적게 가지면 된다는 지극히 간단한 방식으로 계산을 했다. 우리에게는 그것이 적합한 방식이었다.

비오는 밤거리를 걸어나가 이탈리아 식당에서 분말 치즈를 듬뿍 친 스파게티 등으로 우아한 저녁을 먹고 돌아왔지만 우리들은 굵직굵직한 벌건 깍두기를 곁들인 뜨끈한 곰탕을 생각하면서 잠자리에 들었다.

등반을 앞두고 뮌헨의
사레와 공장을 찾아 장비도
구입하고 방 한칸 얻어 숙박도 해결했다.
남선우, 관리인, 나.

7월 24일 토요일이다. 아침 일찍 기상하여 가벼운 조반을 들었다. 싸놓은 짐을 다시 점검하다가 어제 저녁 이탈리아 식당에 여권과 비행기표 및 돈을 포함한 여러 가지 중요한 물품이 들어있는 손가방을 놓고 온 사실을 알았다.

서둘러 뛰어간 선우의 뒤를 쫓아가 보니 식당 문은 잠겨 있고 그의 모습도 보이지 않았다. 주위를 둘러보았다. 아니나다를까, 선우는 말도 안 통하는 순경을 붙들고 사정하고 있었다. 그래도 파출소장 정도면 영어는 조금 하겠지 싶어서 나는 다짜고짜로 제일 높은 사람을 찾아서 자초지종을 설명했다.

그렇게 해서 우리는 마침내 영화에서 본 게슈타포같이 생긴, 배가 불룩 나온 순경을 앞세우고 식당 건물을 향해 돌진하여 여기저기를 수색한 끝에 잠자고 있던 이탈리아인 식당 종업원을 잡아냈다(아니, 찾아냈다). 그는 식당 문을 열어주었고 우리는 어제 식사하던 자리에 그대로 걸려 있는 손가방을 운 좋게도 되찾을 수 있었다.

만약 식당이 문을 열지 않는 날이라든가, 종업원이 딴 데서 산다든가, 혹은 없어지기라도 했다면 우리의 계획에 상당한 지장이 초래될 뻔한 위기의 순간이었다. "당케"를 연발하고는 공장으로 돌아와 짐을 역으로 옮기기 위해 택시를 불렀다.

뮌헨 역에 서둘러 도착하여 환전을 하고 매표창구에서 70살은 족히 되셨을, 무척이나 꾸물대는 할아버지 직원으로부터 취리히 행 기차표를 건네받았을 때는 9시 5분에 출발하는 기차가 1분 전에 막 떠난 뒤였다. 덕분에 우리는 두 시간이나 더 기다려 11시 11분에 출발하는 기차에 올라탔다.

기차가 독일 국경을 벗어날 때 지나가던 세관원에게 사례와에서 꾸며온 세금 환급 신청서에 확인 스탬프를 받았다. 이 서류를 사례와로 보내면 어제 구입한 장비에 붙은 13%의 세금이 환급되어올 것이다.

오후 4시 30분, 취리히 역에 도착하여 그린델발트 행 기차표를 사고 어제 짐을 싸면서 따로 추려놓은 불필요한 장비와 옷가지를 역 안의 보관소에 맡겼다. 보관료는 하루에 1프랑인데 찾는 날 지불하면 된다고 한다(당시 환율로 1스위스프랑은 미화 약 0.5달러).

　5시 25분에 출발하는 인터라켄 행 기차에 올랐다.
　인터라켄이 가까워질수록 좌우의 산이 점점 높아져간다. 서(西)인터라켄을 통과하여 동(東)인터라켄에 도착한 시각은 저녁 8시 30분, 그린델발트 행 기차가 5분 후에 출발한다는 것을 미리 알고 있었기에 서둘렀으나 열 개가 넘는 짐을 앞뒤에 메고, 양손에 들고, 발로 밀면서 두 개의 기찻길을 지하도로 건너야 했던 우리는 또 다시 기차를 놓치고 말았다. 울화통이 터지는 일이었지만 한 시간을 더 기다릴 수밖에 없었다.
　역 구내에 '코리아나'라는 이름의 4인조 한국인 보컬 그룹 공연 포스터가 붙어 있는 게 눈에 띄었다. 포스터는 우리나라 시골 장터에서나 볼 수 있는 곡마단의 그것처럼 어딘가 세련되지 못하고 썰렁하면서 촌스러워 보였다.
　역 처마 밑의 벤치에 앉아 추적추적 내리는 비를 바라보며 서울의 어머니 생각을 했다. 하나밖에 없는 아들이 허구한 날 산에서 다쳐서 올 때마다 눈에 띄게 늙어가는 우리 어머니, 장기 등반에 들어갈 때는 엄마라고 부르지도 말라고 하시지만 산에 가서 행여 추울세라 밤새워 스웨터며 털장갑을 떠주시던 어머니, 우리집에 와서 자고 간 일도 많았던 건호 형이며 동규가 작년 여름에 '아이거인가 뭔가 하는 산'에 가더니 알루미늄 통 안에 한줌 재로 담겨 돌아오는 걸 보고는 미국으로 보내신 편지에 '그래도 네가 같이 안 갔으니 다 부처님의 도움이다'라고 쓰셨던 어머니께 차마 그 산에 간다고 말씀드릴 수 없었다. 여름 휴가는 없다고 얼버무렸지만 혹시 어디서 듣지나 않으셨는지……(나는 물론이고 서울을 막 떠나온 선우나 정원이도 우리의 원정 등반 출발 소식이 신문에 난 것을 모르고 있었지만, 신문을 읽으신 어머니께서는 식음을 전폐하다시피 하시고 하루에 두 번씩, 새벽과 밤이면 절에 가서 30일 동안이나 소식이 끊긴 몹쓸 아들의 무사를 비셨다고 한다. 그것을 나중에 전해들었을 때 나의 마음은 깊은 회한, 바로 그것이었다).

  기차를 타고 깜깜한 산 속 길을 허덕허덕 올라 그린델발트에 도착했을 때 시계는 오후 10시를 막 넘고 있었다. 그린델발트 역사(驛舍)는 빗속에 젖은 채 조용히 잠들어 있었다.

"북벽은 살아서 움직인다네"

아이거 북벽이 검은 어둠 속 저편 어디엔가 솟아 있겠지. 그린델발트는 몽블랑(4,807m) 밑의 샤모니나 마터호른 밑의 체르마트처럼 베르네 알프스의 등반 시발점이 되는 곳이다. 그린델발트의 아름다운 묘지에는 목숨을 잃은 등반가들과 가이드들이 누워 있다.

짐을 내려놓고 무엇을 먼저 어떻게 해야 하나 하고 두리번거리고 있는데 비대한 중년 신사가 취한 걸음으로 다가와 우리와 짐을 번갈아 보더니 간단히 물었다.
"아이거 노르트 반트(아이거 북벽)?"
고개를 끄덕이는 우리에게 그는 서투른 영어로 스위스 산악회원이라며 자기 소개를 하고는 아이거 북벽에서 사라져간 등반가를 많이 안다며 되돌아가라고 제법 진지하게 타이른다. 아무리 우리의 운명을 불쌍히 여겼기로서니 아이거 북벽을 오르고자 몇 년을 이를 갈아온 우리에게 무슨 당치도 않은 이야기인가. 그는 코웃음을 치며 대꾸도 하기 싫어하는 우리의 눈을 한동안 쳐다보더니 중얼거렸다.

"아이거 북벽은 살아서 움직인다네."

그리고는 몸을 돌려 다시 비틀거리며 걸어갔다. 살아서 다시 만날 수 있기를 바란다는 인사말을 덧붙이고는…….

"……"

비는 계속 추적추적 내린다.

선우와 나는 그린델발트 아래 강가의 유료 야영지까지 내려가 보았으나 진흙 바닥이 빗물로 질퍽거려서 텐트를 칠 마음을 아예 지워버리고 다시 올라왔다. 일단 역 근처의 호텔 식당에서 제일 싼, 그러나 엄청나게 비싼 샌드위치를 입 안으로 구겨넣고는 각자 값싼 호텔을 찾기 위해 흩어졌다.

10분 후에 다시 모인 우리들의 의견 중에서 가장 그럴듯한 곳은 정원이가 발견한 곳으로서 역사에서 50m 정도 떨어진 역 창고의 처마 밑. 그곳은 바닥이 마루판이라 냉기가 올라오지 않고 지붕에서 뻗어나온 처마는 비를 막아주기에 충분했다. 언젠가 책에서 읽은 재미있는 비박이 생각났다.

1961년 9월 어느 날 남부 독일 출신인 게오르그 후버와 게르하르트 마이어는 아이거 북벽을 시도하기 위해 그린델발트에 도착했다.

그들도 여느 산꾼과 마찬가지로 가난한 처지였기에 들판에서 비박을 준비하고 있을 때, 마침 등산가가 되는 것이 꿈인 열네 살의 목수 견습공을 만났고, 소년은 그들을 목공소 2층의 마룻바닥으로 몰래 데리고 가 하룻밤을 지내도록 해주었다.

이튿날 아침 눈뜬 그들은 간밤에 잔 곳이 완성된 관으로 가득 차 있는 것을 보고 깜짝 놀랐다. 아래층에서는 작업하는 소리가 들렸다. 소년을 곤란하게 할까 봐 그들은 다락방으로 살금살금 올라가 자일을 걸고 창문 바깥으로 하강하여 빠져나갔다.

그 후 9월 22일, 그들은 세 번의 비박 끝에 아이거 정상을 밟는 데 성공했다. 그 해 겨울에 후버는 마터호른 북벽 동계 등반에서 도합 여덟 개의 손가락과 발가락을 동상으로 절단해야 했으나, 1964년 초유에서 몬순기류에 휘말려 스물다섯의 나이로 사망할 때까지 등반을 계속했다.

짐을 모두 옮기고는 침낭을 꺼내어 깔고 몸을 길게 눕혔다.
"아, 편하다!"
재정이 궁핍한 등반대에게 이 정도의 비박지(地)란 가히 최상이 아니고 무엇이겠는가?
젖은 알프스의 밤 내음이 폐 속 깊숙이 스며들었다.

통나무집 베이스 캠프

　　　　　옆에 멈춰 있던 기차가 움직이는 소리와 빗소리에 잠이 깨어 일어나니 주위가 서서히 밝아오고 있었다.
　7월 25일 일요일.
　우리는 짐을 꾸려 아침 7시 28분에 출발하는 클라이네 샤이데크 행 기차에 올라탔다. 여기서부터는 급경사였기 때문에 톱니바퀴 기차가 운행되고 있었다. 양쪽 기차바퀴 사이로 또 하나의 톱니바퀴가 있어 레일 가운데로 깔린 톱니레일과 맞물리며 올라가게 되어 있다.
　안개가 자욱한 가파른 숲 사이로 기차는 힘겹게 올라 고도 1,615m의 알피글렌에 우리를 내려놓았다. 역에 짐을 놔둔 채 역에서 바로 보이는 'Hotel des Alpes Alpiglen'이란 이름의 호텔 1층 식당으로 가서 주인을 찾았다. 알피글렌에 있는 집이란 역 건물과 낡은 3층의 이 호텔뿐인데 호텔 주위에는 1937년 '죽음의 비박'에서 죽은 세들마이어와 메링거가 묵었음직한 통나무

알피글렌에 있는 통나무집 베이스 캠프.
아이거 북벽을 오르기 위해
수많은 클라이머들이
이곳에 머물렀으리라.

로 지은 오래된 움막들이 대여섯 채 드문드문 서 있었다.

주인 아주머니에게 움막을 사용하겠다고 말하자 1인당 하루 17프랑씩 내라고 한다. 작년에도 여기 움막에서 묵었다고 우기며(사실은 아니지만) 깎자고 하자 10프랑씩 내라고 한다. 나는 다시 통사정을 하여 결국 5프랑에 낙착 지었다.

회사 생활을 시작한 후 물건 값을 깎아서 사는 구매업무만 해온 나의 특기가 발휘되는 순간이었다. 3분의 2도 더 깎았으니……. 호텔에서 일한다는 일본인 주방장의 말에 의하면 아주 파격적인 가격이라고 한다.

빵과 우유로 아침식사를 했다. 비에 젖은 우리들에게 뜨거운 우유는 무척이나 좋았다.

호텔에서 리어카를 빌려 빗속에 짐을 움막으로 날랐다. 움막 안에는 열댓 명이 한꺼번에 잘 만큼 넓은 나무로 짠 침대가 두 줄로 놓여 있고 반대편으로는 통나무 장작을 패놓은 것이 천장까지 가득 쌓여 있었다.

식량과 장비를 대충 구분해서 정리해놓고 그린델발트로 내려갔다. 보험에 관해 알아보기 위해서였다.

우선 그린델발트 경찰서에 들렀다. 역에서 윗길로 조금 올라가다가 왼쪽으로 난 골목 안에 박혀 있는 조그만 경찰서 안에는 두 명의 경찰이 무언가 열심히 쓰고 있다가 문을 열고 들어오는 우리를 보더니 일어나며 웃는 얼굴로 반가이 맞는다.
"무엇을 도와드릴까요?"
작년 사고시 우리 팀은 이곳 경찰들의 도움을 많이 받았다. 우리 소개를 하고는 작년에 실패한 아이거 북벽 등반을 끝마치고자 왔노라고 말하자 예상 외로 그들은 고개를 끄덕이며 이번에는 꼭 성공하길 빈다고 악수를 청한다.
또 사고가 발생하면 귀찮아지므로 이것저것 캐묻고 까다롭게 굴 것이라는 나의 예상은 보기 좋게 빗나갔다.
그들에게 보험회사 대리점을 소개해달라고 부탁했다.
만에 하나 등반 중 사고가 나서 부상당했을 때 당장 돈이 없다고 죽어가는 사람을 이 나라의 병원이 거절하리라고는 믿지 않지만, 나중에 물어야 할 그 비싸다는 병원비를 어찌 감당할 것인가. 사실 작년 사고가 났을 때도 보험 혜택을 톡톡히 받았다고 했다.
일요일이라 보험 가입은 다음으로 미루기로 했다. 우리는 경찰이 내주는 입산 신고서 양식 같은 것에 인적 사항을 채워넣고는 경찰서를 나왔다.
그린델발트는 유명한 관광지답게 세계 각국에서 몰려온 여행객들로 붐볐다. 등산복에서 양복 입은 사람까지, 아이들부터 할머니 할아버지까지, 비오는 날씨를 개의치 않고 몰려다니며 사진도 찍고 가게도 기웃거렸다.

깎아지른 듯한 경사도와 잡아먹은 사람의 숫자를 과시하며 세계의 명(名) 클라이머들을 유혹하는 악명 높은 아이거 북벽을 비롯하여 순백의 만년설로 온통 치장을 한 뮌히와 융프라우, 정상께부터 빙하가 시작되는 듯한 모습의 베터호른 등의 봉우리들로 둘러싸여 있는 그린델발트는 마치 설악산에 둘러싸여 있는 설악동과도 같은, 무언가 들뜬 분위기를 자아내는 아름다운 마을이었다.

우리도 경찰서 가까이에서 발견한 등산 장비점에 들러 구경했다. 사례와 공장에서 이미 장비 구입을 끝낸 터라 특별히 살 것은 없었지만 산꾼들의 빼놓을 수 없는 취미 중의 하나가 장비점 구경인지라 누가 먼저랄 것도 없이 세 명의 발걸음이 저절로 장비점 안으로 향했다. 가게 안에는 장비가 썩 많지도 않았을 뿐더러 공장에서 아주 싼 가격에 장비를 구입한 우리들의 눈에는 모두 비싸 보이기만 했다.

장비점에서 그리 멀지 않은 싸구려 식당에서 양을 꽤 많이 주는 돈가스와 수프로 점심식사를 하고 콜맨 피크-I 버너(미국제 휘발유 버너)용으로 5리터의 휘발유를 주유소에서 산 후 기차로 알피글렌으로 향했다.

북벽은 여전히 짙은 가스로 덮인 채 좀처럼 자태를 드러내지 않았다. 움막으로 들어가 각자 짐을 정리했다. 그 후 정원이는 보유식량의 전체량을 파악해가며 식단표를 짜고 부족량을 체크했고, 선우는 보유장비와 대조해가며 부족한 품목을 뽑아나갔다.

등반하다가 여하의 이유로 다시 돌아서서 내려가는 것조차도 생명을 걸어야 하는 곳에서는 단 한두 가지의 장비 부족이나 파손이란 종종 어처구니없게도 치명적인 결과를 가져온다.

저녁식사 준비를 하던 정원이는 김이 모락모락 나는 먹음직스러운 된장찌개 그림이 붙어 있는 통조림을 따고는 완전히 실망하고 말았다. 내용물은 당연히 100% 순 된장. 순 살코기 그림이 붙어 있던 통조림 역시 내장 비슷한 것과 기름덩어리들뿐이었다. 서울로 돌아가면 보사부장관에게 편지라도 써야겠다고 결심했을 정도로 형편없었다.

'겉포장만 그럴듯하게 해놓은 통조림 제조업자들은 모두 벼락 맞아라!'

호텔에서 얻어온 치즈를 넣고 끓인 국은 뭐라고 명칭을 붙이기도 힘들었다.

침대 위에는 담요들이 깔려 있었으나 우리는 그 위에 침낭을 깔고 기어들어갔다.

빈대 점심

다음날에도 비는 계속 내렸다.

수프와 떡라면으로 아침식사를 끝내고 부족한 장비 구입을 위해 그린델발트로 내려갔다.

장비점에서 가스버너와 가스, 두 개의 하켄을 구입한 후 역 쪽으로 걸어가는데 태극 마크의 모자를 쓴 사람들이 갑자기 시야에 들어왔다.

샤모니에서 몽블랑 및 몬테로자(4,634m) 등을 등반한 후, 베르네 알프스의 묀히 등반과 아이거 북벽 정찰차 며칠 전에 온 고대산악회 팀이었다. 옆에는 아이거 북벽을 단독 등반하고자 온 크로니 산악회의 박영배 형(당시 34세, 1977년 설악산 토왕성 빙폭 초등자)이 있었다. 항상 산에서 마주치던 사람들을 알프스 촌구석에서 우연히 만나다니 반갑기 그지없었다. 그들은 클라이네 샤이데크에서 날씨가 좋아지기만을 기다리고 있다가 식량을 보충하기 위해 내려온 길이었다.

한국의 산에서 마주치던 사람들을 알프스 산중에서
우연히 만나니 이보다 더 반가울 순 없다.
그들 사이에 끼어 한끼 해결하는 빈대 점심.

    마침 비도 그치고 해서 길바닥에 둥그렇게 모여 앉아 빵과 버터, 건포도 등으로 점심을 먹는 그들 사이에 끼어 앉아 우리는 한끼를 해결했다.
    넉살이 좋은 우리 동기들은 산에서도 가끔 이렇게 빈대 붙어서 끼니를 해결하곤 했다.
    언젠가 동기들끼리 북한산 산행을 한 적이 있었다. 병풍암 암벽 등반을 끝내고 점심식사를 하기 위해 엠포르 산장 밑에서 배낭을 벗었다. 모두 대학 산악부에서 다져진 경력이 6년은 넘었을 때라 누구는 버너를 갖고 오고, 누구는 식량을 가져오기로 사전에 의논 한 번 안 했건만 무엇 하나 부족한 적이 없었다.

그런데 그 날만은 어찌 된 일인지 버너와 코펠만 몇 개씩 나오고 식량이라곤 쌀과 감자 두 알이 전부 아닌가. 할 수 없이 각자 찌개거리를 구걸하기 위해 흩어졌다. 쇠고기를 한 근 이상이나 얻어온 서울 치대의 동기인 김윤만이 최우수선수로 뽑혔다. 무슨 수로 얻었는지 쇠고기가 담긴 비닐 봉지를 돌리며 넘어질 듯이 달려오는 그의 얼굴에 넘쳐흐르던 환희의 표정은 지금도 가끔 이야기거리가 되고 있다.

약간의 식량을 슈퍼마켓에서 구입하고는 걸어서 알피글렌으로 올라갔다. 알피글렌까지는 무척 가파른 길을 두 시간은 족히 걸어 올라가야 했다.

갑자기 식구가 열 명으로 늘어난 우리 움막은 호텔의 일본인 주방장으로부터 수저와 큰 냄비를 빌리고, 앉을 자리를 만드느라 법석대어 마치 큰 원정대의 베이스 캠프 같은 활기가 넘쳤다.

밥, 김치찌개, 라면과 버섯수프 등으로 저녁식사를 준비했다. 서울을 떠난 지 오래된 고대 팀은 김치찌개와 라면을 아주 맛있게 먹어서 우리 주방장인 정원이를 기쁘게 했으나, 매운 고추장을 한 숟갈씩 듬뿍듬뿍 떠먹는 고대 팀의 2학년들을 보며 우리는 마음을 졸였다. 혹시나 고추장이 바닥나는 게 아닌가 해서…….

역시 한국 사람은 뽀빠이가 시금치를 먹듯이 고추장을 먹어야 힘이 나는가 보다.

 고대 팀과 영배 형은 다시 내리기 시작하는 비를 맞으며 클라이네 샤이데크를 향해 출발했다.

 가스(안개) 사이로 언뜻언뜻 보이는 제2설원 부근은 신설로 덮여 온통 하얗게 보였다. 등반이 가능하려면 저 위에 쌓인 눈들이 어느 정도 녹은 후 기온이 내려가 다시 얼어붙어야 하는데, 그러자면 도대체 얼마를 기다려야 할까.

 밤새도록 눈사태 떨어지는 소리가 가까이 울렸다.

정설거사

7월 27일. 어젯밤에 물에 담가두었던 떡으로 끓인 떡국맛이 일품이었다. 이제야 서서히 정원이의 음식 솜씨가 궤도에 오르기 시작하나 보다.

지나가는 스위스 등산객이 기상대에 전화를 해보았다며 이번 목요일부터는 날씨가 좋아질 것이라기에 막연한 기대를 걸어보았다.

아이젠*에 밴드*를 달기도 하고 움막 처마에 자일을 고정하여 유마링* 연습을 하기도 했다.

밥과 어제 사온 쇠고기로 불고기를 만들어 점심을 먹고는 호

---

*아이젠Eisen : 빙설면 또는 빙벽 등반에서 등산화 밑에 부착하여 미끄러지는 것을 방지하기 위해 사용하는 금속제 장비.
*밴드Band : 아이젠을 등산화에 부착하는 끈.
*유마링Jumaring : 유마르Jumar는 고정된 로프를 올라갈 때 등반자가 손쉽게 올라갈 수 있도록 고안된 용구로서 그 유마르를 사용하여 올라가는 행위를 유마링이라 한다. 그 외에도 짐을 올리거나 확보 혹은 구조할 때 등 용도가 광범위하다.

텔 식당에 앉아 모두 그림 엽서를 쓰느라 바빴다. 대학교 산악부 선후배들, 사례와 공장, 회사 동료들에게도……

한 장 초안을 잡으면 나머지 내용은 전부 대동소이했다.

"이럴 줄 알았다면 등사기라도 갖고 와서 미는 건데."

정원이가 중얼거렸다.

미역국으로 저녁을 먹고는 코펠을 들고 설거지를 하러 나왔다.

동기 산행을 갈 때마다 각자 알아서 한 가지씩 맡는데 나는 언제나 설거지를 전담했다. 버너 켜서 쌀을 물 맞춰 올리고, 감자나 양파를 깎아 찌개거리를 준비하는 것보다 나같이 게으른 놈은 '설거지를 한다'라고 한 동작으로 표현되는 간단한 일을 맡는 게 훨씬 수월했다. 덕분에 '정설거사(정광식＋설거지＋도사)'라는 썩 멋있다고 볼 수 없는 별명을 얻긴 했지만 '밥이 설었네', '찌개가 너무 짜네'라는 둥 여러 불평을 듣지 않아 속 편했다.

움막에서 나와 몇 걸음만 올라가면 말구유같이 생긴 큰 나무 물통으로 아이거의 눈 녹은 물이 24시간 콸콸 떨어지는데, 빙하에서부터 내려오는 동안 텁텁한 석회암 성분은 깨끗이 걸러져 물맛이 이루 말할 수 없이 좋았다. 아무리 해도 설악산의 산삼 썩은 물맛에 비할 수야 없지만…….

기다림에 지친 우리들은 내일은 날씨가 흐릴지라도 실제 등반에서 일어날지도 모르는 문제점을 미리 발견하여 보완하자는 생각에서 북벽 밑의 설계*까지만이라도 북벽을 공격할 때와 똑같은 복장과 똑같은 무게의 배낭을 메고 예행연습을 하기로 했다.

　다음날 아침 잠에서 깨어나자마자 우리는 우르르 밖으로 몰려나갔다. 산에 다니는 사람들이 눈뜨고 제일 먼저 하는 일이 날씨를 살피는 것이 아닌가.

　비는 내리지 않았으나 북벽은 여전히 가스에 잠겨 있었다. 한참 바라보고 있던 선우가 투덜댔다.

　"저 년의 치마를 언제 벗기누!"

　베이스 캠프를 설치한 지 4일째인데도 우리는 아직 정상은커녕 아랫부분도 또렷이 본 적이 없을 정도로 북벽은 예의 그 소문난 나쁜 날씨를 우리한테 과시하고 있는 것이다. 저 밑의 그린델발트는 연일 햇볕이 내리쬐고 있음에도 불구하고……

　떡국으로 아침식사를 한 후 배낭을 꾸려서 움막 밖으로 나왔다. 고개를 들어 여전히 가스 속에 가려져 있을 북벽을 올려다본 우리는 함성을 지르고야 말았다. 아이거의 정상 부분이 파란 하늘을 배경으로 가스 사이로 들여다보이는 게 아닌가! 지루한 기다림 끝에 아이거는 정상 부분만, 그것도 고작 10분 정도만 자기 몸을 드러내 보여주었다. 저 무시무시하게 우리를 압도하며 오만하게 서 있는 북벽을 오르고자 우리는 그 먼 길을 달려왔던가!

　북벽은 참으로 높아 보였다.

*설계雪係 : 눈 덮인 사면.

아침에 눈을 뜨면 날씨부터 살피는 기다림의 날들.

오랜만에 날이 갠 아이거 북벽을 배경으로 섰다.

어찌 산만을 야속타 하리오

한 시간 25분 가량 완만한 산록을 걸어올라 해발 2,061m의 클라이네 샤이데크에 도착했다. 클라이네 샤이데크에서 바라다 보이는 뮌히와 융프라우는 아이거와 달리 가스 한 점 없이 만년설을 이고서 수려한 봉우리와 빙하를 눈부신 햇빛 아래 펼쳐 보이고 있었다.

대여섯 채의 호텔을 비롯하여 식당과 기념품 가게들이 있는 클라이네 샤이데크는 관광객들로 붐볐다. 큰 나무 술통에 둘러 앉아 생맥주를 마시며 웃고 떠드는 패거리도 있고, 알프스 목동들이 부는 큰 호른 쪽으로 몰려가는 사람들도 있었다.

역 바로 옆 뷔페 레스토랑의 3층에서 아래를 내려다보고 있는 영배 형을 발견하고 올라갔다. 영배 형은 이종 사촌동생인 '최선희'란 아가씨와 함께 있었다. 대만 유학 중 방학을 맞아 영배 형을 도우러 온 그녀는 독어와 불어도 어느 정도씩 할 줄 아는 재원이었다.

주방장 정원이가 짠 식단에 오늘의 중식은 '빈대'라고 나와 있었기 때문에 우리는 영배 형의 없는 살림에 '빈대' 붙어서 스파게티를 얻어 먹음으로써 계획을 충실히 따랐다.

영배 형과 함께 오후 1시 45분에 클라이네 샤이데크를 출발하여 작년 원정대의 베이스 캠프지에 2시 30분에 도착했다.

이곳은 북벽 제일 밑의 설계가 시작되는 지점까지 15분 정도 걸리는 거리에 있으며 날씨가 맑을 때는 북벽 전체가 올려다보이고 뒤로는 그린델발트와 알피글렌의 우리 움막이 한눈에 내려다보일 정도로 조망이 좋았다. 텐트를 한꺼번에 여섯 동까지 칠 수 있을 만큼 넓을 뿐더러 바로 옆으로는 물이 흘러 최상의 베이스 캠프지로 여겨졌다.

내 팔을 잡아 끄는 선우를 따라가 보니 작년 사고가 난 후 철수하면서 쓰레기를 소각하던 곳이었다. 찌그러진 채 반쯤 땅에 묻힌 코펠, 식량 잔해, 타다 만 주동규 대원의 옷 들이 세월의 무상함을 느끼게 했다.

작년에 우리가 제상(際床)으로 삼았던 널찍한 바위 앞에서 잠시 묵념을 했다.

"건호, 담배 피우지?"

건호 형과 그다지 가깝지는 않았지만 서로 잘 아는 사이였던 (어디나 골수꾼들의 세계는 좁은 법이다) 영배 형은 건호 형이 이제 이세상 사람이 아니란 걸 인정하기 싫은지, 아니면 아직도 믿어지지 않는지 '담배 피웠었지'라고 하지 않고 '담배 피우지'라고 현재형을 쓰며 담배 한 개비에 불을 붙여서 바위 위에 올려놓았다. 불어오는 바람에 담배는 누군가가 피우고 있는 듯이 점점 안으로 타들어갔다.

우리는 산에서 참으로 크나큰 즐거움을 얻는다. 그러나 산은 또 우리가 사랑하는 사람을 빼앗아가서 그 즐거움의 양만큼 똑같은 슬픔을 안겨주니 어찌 산만을 야속타 하리오.

젖어오는 눈을 들어 가스가 희미하게 덮여 있는 북벽을 잠시 올려다보았다.

예행 연습

　　　　　　처음 설계를 만났을 때부터 우리는 경사가 완만함에도 불구하고 아이젠을 신고 아이스 클라이밍(Ice Climbing : 빙벽 등반) 장비를 몸에 걸친 다음 제2설원 위에 있다고 생각하는 실전 대비의 리허설을 시작했다. 40m 단위로 워트훅*이나 스나그*를 확보용으로 박으며 내가 톱*으로 전진을 하면 세컨드*인 선우와 라스트*인 정원이가 유마르로 따라왔다. 눈이 단단한 데는 아이젠이 잘 박혀 좋았지만 부드럽고 물기가 많은 데를 지날 때는 아이젠 밑으로 눈이 뭉쳐 가끔 떼어내야 했다.

　중간에 설계가 갈라진, 깊이가 20m 정도 되는 크레바스*를 우

---

*워트훅Warthog : 가파른 빙벽 등반시 사용하는 장비로서 보통 파이프형의 것과는 달리 때려서 박고 돌려서 뺀다.
*스나그Snarg : 워트훅과 비슷한 작용을 하는 것으로 파이프형으로 생겼다.
*톱Top : 등반자들 중 맨 앞에서 오르는 사람. 즉, 선등자로서 가장 위험부담이 크다.
*세컨드Second : 등반자들 중 두번째로 오르는 사람. 중간자라고도 한다.
*라스트Last : 등반자들 중 후미에서 오르는 사람.

측편의 바위로 통과했다. 이 크레바스는 추락한 클라이머가 갈 가리 찢겨진 채로 발견되곤 하는 곳이다.

약 200m의 설계를 끝내고 바위가 막 시작되는 지점에 있는 베르그슈룬트*를 건너뛰니 5시 50분이었다.

약간의 간식을 먹고 철수하기 시작했다. 처음에는 조심조심 걸어서 내려가다가 글리세이딩*으로 설계 끝까지 내려왔다. 잘 잘한 석회암 조각들이 박혀 있는 얼음 위를 앉지도 못하고 무릎만 구부린 채 빠른 속도로 글리세이딩하는 것은 여간 힘든 일이 아니었다.

영배 형과 헤어지고 경사진 풀밭을 걸어 내려와 움막에 도착했다.

처음으로 거리관념이 혼동되는 경험을 했다. 북벽 바로 밑에서 보면 기껏해야 15분이면 충분하다고 생각될 정도로 손에 잡힐 듯이 보이던 알피글렌까지 내려오는 데 한 시간 이상 걸렸고, 또한 여기서 설계까지 올라가는 데는 30분이면 될 듯 보이나 아무리 올라가도 가까워지지를 않고 두 시간은 족히 걸린다고 선우가 설명했다. 산의 규모가 크기도 하지만 높은 나무 하나

---

*크레바스Crevasse : 빙하의 표면이 갈라진 깊은 틈.
*베르그슈룬트Bergschrund : 만년설의 하단부가 빙하로 갈라지며 생기는 깊은 틈.
*글리세이딩Glissading : 빙설이 덮인 가파른 비탈을 피켈 등을 이용해 제동하며 미끄러져 내려가는 것.

없이 경사진 풀밭이 이어져 거리를 가늠하기가 더욱 어려웠다 (고산으로 올라갈수록 기압이 낮아지므로 공기의 밀도 또한 낮아진다. 동시에 사물이 실제보다 훨씬 가까이 보인다).

얼마 크지도 않은 것 같던 설계도 제일 위에서 보면 설계의 맨 밑에 서 있는 사람이 손톱 반보다도 작게 보일 정도로 대단한 크기의 설사면이었다. 하물며 하늘을 찌를 듯이 서 있어서 바로 밑에서 보면 정상조차 보이지 않는 북벽은 도대체 얼마나 크단 말인가.

우리는 조금씩 기가 죽기 시작했다.

장비 정리 후 각자 오늘의 예행 연습에서 발견된 문제점들을 끄집어냈다.

카라비너*를 조금 더 가져가야겠고, 익숙지 않은 9mm의 더블 로프*보다는 10mm의 싱글 로프*를 택해야겠고, 아이스 해머*나 피켈은 손목고리 대신에 몸에 연결시켜 떨어뜨리는 걸 방지해

---

* 카라비너Carabiner : 암벽 및 빙벽에서 두 가지 이상의 장비를 서로 연결하기 위해 가장 널리 유용하게 쓰이는 기본 장비로서 보통 듀랄루민 합금의 개폐 고리.
* 더블 로프Double Rope : 유럽 알프스에서 인공 등반을 위해 발전된 자일 사용 기술로서 자일의 원활한 소통과 안전을 위해 두 가닥을 사용하는 방식.
* 싱글 로프Single Rope : 자일을 한 가닥만 사용하는 방식으로 자유 등반시에 많이 사용된다.
* 아이스 해머Ice Hammer : 빙벽 등반시 피켈과 함께 사용하며 얼음을 내리찍어 잡고 올라가거나 확보물의 설치나 회수에 쓰이는 기본 장비.

아이거 북벽의 아침은 햇살과 함께 오지 않는다.

오후의 해가 비치는 것도 잠깐이다.

야겠고, 짐의 무게를 덜기 위해 하켄과 양말의 수를 줄여야겠다는 등 여러 가지 좋은 의견들이 나왔다.

 미역국, 홍합조림, 버섯수프 등 다양한 메뉴의 저녁식사를 하고는 설거지를 하기 위해 밖으로 나왔을 때 처음으로 밤하늘에 떠오른 반달을 보았다.

 '이제는 날이 개려나?'

 선우는 내일 장비 구입차 독일 뮌헨의 사레와로 떠나는 선희 씨 편에 부탁할 장비 목록을 만들고 있고, 정원이는 버너를 고치는 데 골몰하고 있으며, 나는 『아이거 : 죽음의 벽』이라는 책에서 각 피치의 개요를 뽑아 종이에 옮겨 적고 있었다.

1982년에 발간된 이 책의 저자인 미국의 아서 로스(Arthur Roth)라는 작가에게 나는 상당히 고마운 마음을 가지고 있다. 그는 54세에 처음으로 클라이밍을 시작한 후 아이거에 흥미를 느끼고, 아이거 북벽에 대한 자료를 모으기 위해 수년간 아이거 주변은 물론 그린델발트의 도서관과 미국 알파인클럽(American Alpine Club) 도서관 등을 샅샅이 뒤져 종합적인 아이거 북벽에서의 생과 사에 대한 역사를 한데 묶어내기에 이르렀다. 미국의 한 등산 장비점에서 이 책을 구입한 나는 한 단어도 빠뜨리지 않고 두 번 통독하여 아이거 북벽에 대한 개념을 자세하게 파악하게 되었고, 처음으로 어느 정도의 승산과 자신감을 가질 수 있었다.

움막 밖의 밤하늘에는 실로 오랜만에 별이 총총했다.

일본인 주방장 윈터

오랜만에 화창하게 날이 갰다. 구름 한 점 걸린 데 없이 아이거 북벽은 흉악한 몸뚱이를 마침내 드러내고야 말았다(여기 스위스 사람들은 종종 아이거를 처녀로, 융프라우를 수도승으로, 그리고 묀히를 바람둥이 남자로 비유하곤 한다).

제1설원(First Ice Field) 위에서부터는 온통 눈이 허옇게 덮인 채로 우리를 두려움에 질리게 하고 있었다. 이틀 정도만 이 상태가 지속된다면 눈이 어느 정도 녹아 등반하기에 그리 큰 어려움은 없으리라 생각되지만 글쎄, 이 좋은 날씨가 며칠이나 버티어줄런지 의문이었다.

떡국으로 아침식사를 한 후 우리는 따사로운 햇볕 속의 호텔 옆 마당의 의자에 앉아 엽서를 쓰기도 하고 망원경으로 북벽의 구석구석을 살피기도 했다. 책에서만 보던 각기 다른 이름을 가진 부분들이 마치 오래 전부터 봐왔던 것처럼 눈에 익어갔다. 북벽은 점점 낮아 보이고 아이거 북벽 등반이라는 말이 그저 꿈같지만은 않은, 현실성 있는 단어로 되어가고 있음을 느꼈다.

뮌헨의 사례와로 장비를 사러 가는 선희 씨와 함께 선우는 인터라켄에 유마르 한 조를 더 구입하겠다고 내려가고, 정원이와 나는 고소 순응을 위하여 융프라우요흐(3,454m)까지 갔다오기 위해 호텔의 일본인 주방장과 함께 기차에 올랐다.

그는 일본 교토의 RCA 클럽이라는 산악단체의 회원으로 작년에는 쉬운 미텔레기 능*으로 아이거의 정상에 갔다온 적도 있다. 그는 그저 산이 좋아 좋은 직장도 팽개치고 아이거 밑의 호

클라이네 샤이데크에서 기차를 갈아타기 전

김정원, 윈터와 함께. 윈터는 아이거 아래 호텔 주방장으로 일하면서 북벽의 꿈을 버리지 않고 있다.

텔에서 형편없는 월급을 받으면서도 언젠가 북벽을 오르는 꿈을 가지고 살고 있다고 했다. 그도 오늘은 휴가를 내서 서릉을 정찰하겠노라며 우리를 따라나섰다. 그는 가끔 주인 몰래 음식을 조리해서 우리에게 가져다주었고, 우리도 라면이나 된장으로 그의 입을 즐겁게 해주며 친하게 지내고 있던 터였다.

며칠 내리던 비가 그친 어느 날, 영어를 거의 할 줄 모르는 그가 눈을 허옇게 덮어쓰고 있는 아이거 북벽을 가리키며 '마치 겨울같이 눈이 많이 쌓였다'는 말을 그냥 "Winter!"라고 했기 때문에 우리는 그를 윈터라고 불렀다.

1977년 9월 아프가니스탄에서 등반을 마치고 샤모니로 들어온 영국의 법학도인 알렉스 매킨타이어는 미국의 등반가인 토빈 소렌슨을 술집에서 우연히 알게 되었는데, 그 또한 존 할린 직등 루트를 목표로 하고 있다는 것을 알았다. 차비가 없었던 그들은 각자 차를 얻어 타고 알피글렌에서 다시 만났다. 알피글렌 호텔에서 접시를 닦으며 숙식을 해결하던 이들은 날씨가 좋아졌을 때 북벽을 시작하여 네 번의 비박 후 정상에 올라서는 데 성공하

---

*미텔레기 능 : 1921년 유코마키라는 일본 산악인이 세 명의 가이드를 고용하여 1박 2일 만에 초등한 비교적 쉬운 아이거의 동쪽 능선 루트를 말한다. 유코마키는 그 후 1956년 히말라야 마나슬루 봉의 초등에 도전하는 일본 원정대의 대장을 맡아 등반을 성공으로 이끌었다.

여 존 할린 직등루트는 동계에만 가능하다는 정설을 뒤집었다.

일본인 주방장 윈터가 이들의 후배인 셈이다.

그 후 매킨타이어는 1978년 창가방(6,864m) 서벽에 직등루트를 내는 데 성공했으며, 1980년 다울라기리 1봉(8,167m) 남동벽을 올랐고, 1981년 중국의 시샤팡마(8,046m) 남벽에 새로운 루트를 개척했고, 1982년 안나푸르나 1봉(8,091m) 남벽을 오르던 중 낙석에 맞아 사망할 때까지 평범하지 않은 등반을 해왔다. 소렌슨 또한 1980년 캐나다 록키 산맥의 앨버타 산을 단독 등반하던 중 추락하여 사망했다.

우리는 클라이네 샤이데크에 도착해서야 융프라우요흐까지 올라가 등반을 하기에는 시간이 모자람을 깨달았다. 대신 북벽이 잘 보이는 역 앞의 언덕으로 올라가 햇볕을 쬐며 오후 내내 망원경으로 북벽을 살펴보았다. 눈사태가 쉬지 않고 떨어지고 있었다. 정상 바로 전의 '엑시트 설원(Exit Snowfield)'이 마치 7, 80도 경사의 반들거리는 빙벽으로 보여 사뭇 위협적이다.

7시 10분에 떠나는 막차를 타고 알피글렌으로 내려와 선우가 사온 갈비를 고아서 설렁탕으로 저녁을 먹었다.

일기 예보에 의하면 내일 오전은 맑고 오후는 비, 모레와 글피는 맑겠다고 했다. 아까운 날들이 하루하루 지나가고 쌓여가는 상념에 잠 못 이루며 밤새 뒤척거렸다.

런던은 기다리는데

　　　　새벽에 움막 지붕을 두드리는 빗소리에 놀라 일어나 밖에 널어놓았던 옷들을 걷었다. 언뜻 올려다본 북벽에는 곳곳에 눈사태가 쏟아져 내려오고 있었다. 중간중간 설원들의 아래로 이어진 검은 직벽들에는 설원에서 끊임없이 흘러내리는 눈들이 마치 커튼을 드리운 것같이 보였다.

　마른 호박을 넣은 된장국을 먹고는 혼자서 그린델발트로 향하는 가파른 언덕길을 내려갔다.

　오늘의 할 일은 보험 가입과 약간의 식량 구입이다.

　그린델발트는 여전히 관광객으로 붐볐고 관광안내소 맞은편의 보험 사무실은 잠겨 있었다. 조만간 등반을 시작하려면 보험은 꼭 들어야겠기에 경찰서로 가서 도움을 요청했더니 한 젊은 경찰이 그룬트(그린델발트 아래에 위치한 기차역이 있는 마을)에 있는 다른 보험업자와 약속을 잡아주었다.

　몇 가지의 식량을 사고는 여기저기 쏘다니다가 약속대로 2시

정각에 경찰서에서 보험업자를 만났다. 야곱이란 이름의 그와 그의 조그만 차를 타고 그룬트 역 앞 주차장 바로 위쪽에 있는 그의 집으로 가서 보험 서류를 꾸몄다. 그는 남의 재난이 곧 자신의 밥줄인 보험 중개인답게 아이거에서 일어난 모든 사고에 대한 기사를 스크랩해놓고 있었다.

1인당 51.5프랑인 8월 1일부터 10일간의 상해보험과 1인당 20프랑인 10개월짜리 헬리콥터 구조보험을 들었다. 상해보험은 사망시 2만 프랑, 불구시 4만 프랑 그리고 입원하게 되면 5년간의 병원 비용 일체가 보험회사에서 나오게 된다. 불구자가 되면 돈이고 뭐고 고달픈 일이지만 죽기라도 하면 장례 치르고 술 한 잔 먹을 수 있는 금액이라고 생각하며 혼자 웃었다.

우체국에 가서 미국에 전화를 신청했다. 규정된 휴가 기간은 열흘이었다. 그러나 아무리 해도 열흘 안에는 못 돌아가리라는 것을 잘 알고 있던 나는 최악의 경우 회사에서 쫓겨나는 것도 기꺼이 받아들이겠다고 각오하고 있었지만, 오늘이 규정상 뉴욕으로 돌아가야 하는 날이라 전화라도 걸어야 할 것 같았다.

전화를 받은 지사장이 하는 말은 이러했다.

"휴가가 끝났으니 당장 돌아오라고 하면 회사 걷어치울 놈인 줄 내 뻔히 아니까, 어찌 되었든 회사 걱정 말고 무사히 등반 끝내고, 그 대신 끝나면 어물쩡대지 말고 곧장 날아와야 해."

그 동안 마음 한구석에 남아 있던 걱정을 씻어주는 고마운 관대함이었다. 그분은 나와 함께 런던 지사 창립멤버로 발령이 나 있었던 터라 하루라도 빨리 나와 함께 런던에 가야 했으나 내가 무단으로 귀임하지 않아 애타게 기다리는 중이었다.

이런 걸 보면 정원이가 참으로 요령 좋은 놈이라는 생각이 들었다. 그는 과감하게 회사에 계획서를 제출하고는 8월 31일까지 약 40일간의 휴가를 얻어내 걱정이라곤 하나도 없이 태평이었다. 태평한 것에 대해 이야기를 하자면 직업이 뭐냐고 묻는 질문에 "산!"이라며 자신 있게 대답하는 백수 선우에게 비길 자가 없긴 하지만······.

알피글렌에 올라왔을 때 움막에는 선우가 혼자 기다리고 있었다. 정원이는 클라이네 샤이데크에서 내려오는 중이라고 했다.

고장난 휘발유 버너를 고쳐서 사온 쇠꼬리를 고기 시작하였다.

비가 제법 왔다. 올 테면 왕창 와서 저 위에 쌓인 눈을 다 쓸어 내렸으면 좋으련만, 위에는 비 대신 눈이 쌓이고 있으리라는 생각에 걱정도 같이 쌓여갔다.

내려온 정원이가 클라이네 샤이데크의 영배 형과 무전기 교신을 시험해보았다. 감이 아주 훌륭하게 잡혔다.

꼬리곰탕으로 저녁식사를 하고 설거지를 하면서 올려다본 하늘은 파랗게 개어 있었으나 곧 다시 비가 오기 시작했다.

오후 9시가 넘어야 해가 지고 어두워지기 시작했다. 우리는 어둠이 깔리자마자 침낭을 폈다.

뮌히 등반

잠결에 들리는 빗소리가 아주 굵다. 얼마나 잠을 많이 잤는지 클라이네 샤이데크에서 전화가 왔다고 일본인 주방장이 와서 깨우는 바람에 일어났다. 선우가 뛰어가 받아보니 약속된 9시에 왜 무전기의 시험 교신이 없었느냐는 영배 형의 전화였다.

무전기의 감도는 여전히 훌륭했다.

떡국으로 아침을 먹는데 비를 흠뻑 맞은 채로 영배 형이 내려왔다.

종일 비가 추적추적 내렸다. 따뜻한 술집에 앉아서 소주나 마시고 싶은 날이다.

점심으로 꼬리곰탕을 먹었다. 며칠째 무위도식하고 있자니 살만 찌지 않을까 걱정이 될 지경이었다. 하지만 언제 며칠을 굶을지 모르는 전투를 앞둔 우리는 밀어넣어 두는 게 최선이리라.

아이젠 밴드를 다느라 오후 내내 씨름했다. 비는 그치고 해는 나왔으나 아이거는 여전히 짙은 가스 속에 잠겨 있었다.

사레와로 장비를 사러 갔다온 선희 씨와 함께 정어리찌개와 꼬리곰탕을 재탕한 저녁식사를 하고는 다음날 융프라우나 묀히를 등반하기 위해 배낭을 꾸려 저녁 9시에 클라이네 샤이데크를 향해 출발했다.

반 정도 걸어왔을 때 해가 지고 어두워지더니 곧 이어 반달이 융프라우와 묀히 사이의 안부* 위로 떠오르기 시작했다. 참으로 인상적인 광경이었다. 시커먼 아이거 북벽을 왼쪽으로 두고 눈 덮인 묀히와 융프라우를 파랗게 비추는 반달이 있는 풍경은 아무리 비싼 금전적인 대가를 치르더라도 볼 만한 가치가 있었다.

다음날 아침 북벽은 온통 눈을 허옇게 뒤집어쓴 채 구름 한 점 없는 파란 하늘을 배경으로 우뚝 솟아 있었다.

융프라우요흐로 올라가기 위해 영배 형, 정원이와 함께 역으로 내려갔다.

알프스의 이 높은 역에도 일본인 관광객들이 서성거리고 있었다. 2량씩 운행되는 기차 중 1량은 아예 일본 단체 관광객들이 독차지하기 일쑤여서 그들의 여유 있는 생활에 대한 질투로 놀부 심사가 되기도 했다.

---

*안부 : 봉우리와 봉우리를 연결하는 능선상에 움푹 들어간 고개.

9시 8분에 출발하는 기차를 타고 터널 입구의 아이거 글레쳐 역을 지나서 고도 2,865m의 아이거반트 역에 도착했다. 지루하게 올라가는 컴컴한 굴 속 중간에 덜렁 만들어놓은 이 역에는 북벽이 내다보이는 거대한 유리 창문이 하나 나 있다.

융프라우요흐까지의 톱니바퀴 기찻길은 스위스인들이 20년 가까이 걸려 아이거의 암벽 속으로 굴을 뚫어 1912년 완성시켰다. 이때 생기는 바위 조각들을 버리기 위해 밖으로 다섯 개의 구멍을 뚫었는데, 그 중의 하나가 이 역에 창문을 낸 구멍이다. 이곳은 '새터드 필라(Shatterred Pillar)'의 오른쪽에 있는 '갱도 입구'와 함께 아이거 역사상 많은 극적인 탈출, 혹은 구조에 일익을 담당해왔다.

1934년 여름, 기록상 아이거 북벽을 처음으로 시도한 독일의 세 클라이머도 자일에 몇 시간을 매달려 있다가 이 아이거반트 역의 창문으로 기어나온 가이드에 의해 간신히 구조되었다.

창문 밖으로 내다본 북벽에는 신설이 금방이라도 무너질 듯이 쌓여 있었다. 다시 출발한 기차는 아이거의 서벽쪽으로 난 또 다른 구멍에 있는 아이스미어 역에 잠깐 섰다가 10시에 종착역인 융프라우요흐에 도착했다.

해발 3,454m에 있는 융프라우요흐 역은 묀히와 융프라우 사이의 안부에 위치한 유럽에서 가장 높은 기차역이다. 빙하 터널 안의 얼음 궁전을 지나 밖으로 나오니 눈에 반사되는 햇살의 강

눈 덮인 능선을 올라 4,099m의 묀히 정상에 섰다.
뒤로 아이거 정상이 보인다. 김정원과 나.

렬함이 고글을 쓰지 않으면 눈을 못 뜰 정도였다.

묀히의 남동릉을 오르기 위해 영배 형과 헤어져 넓은 설원을 가로질러 터벅터벅 걸어갔다. 남동릉은 노멀 루트*라서 여러 팀이 오르고 있었는데 자일을 사용하지 않는 팀은 우리밖에 없었다.

어려운 부분은 없었지만 60도 내지 75도 경사로 수백 미터를 아래로 깎아지른 양쪽의 설사면 한 가운데로 난 눈 덮인 능선을 계속 올라가야 하기 때문에 한 발자국의 실수가 치명적인 결과

*노멀 루트Normal Route : 정상 또는 어느 지점에 이르기 위해 가장 보편적으로 이용되는 길로 일반적으로 가장 쉬운 길을 일컫는다.

를 낳을 수도 있었으나 우리는 별로 주저하지 않고 쉬지 않고 올라갔다. 정상 부근의 커니스* 지대를 남쪽의 사면으로 돌아서 2시 15분에 바람이 심하게 부는 4,099m의 정상에 섰다.

보통 5,000m 이상인 히말라야 등반대 베이스 캠프의 고도에도 훨씬 못 미치지만 2,000m가 넘는 산이라곤 올라본 적이 없던 우리들은 정상 부근을 오를 때 공기가 희박해졌음을 어렴풋이 느낄 정도였다. 저 건너 밑으로 아이거의 정상이 보이고 융프라우가 우리보다 약간 높이 솟아 있었다. 멀리 굽이치는 빙하가 마치 포장된 아스팔트처럼 보였다.

아이젠을 꺼내 신고는 올라올 때의 루트로 하산하기 시작했다. 묀히 능선을 거의 다 내려왔을 때는 오후의 뜨거운 햇살이 주위의 기온을 올려 우리는 윈드 재킷을 벗고 등반용 내의 바람으로 걷지 않을 수 없었다. 기온이 높아 발이 푹푹 빠지는 설원을 계속 걷는다는 것은 지루한 일이었지만, 1938년 하인리히 하러도 묀히를 등반한 후에 아이거 북벽 초등에 성공했음을 기억해내고는 오늘의 등반에 대해 기분 좋아했다.

간발의 차이로 4시 5분에 출발하는 기차를 놓쳤다. 50분 동안 다음 기차를 기다리느라 앉아 있으려니 뒷골이 조금씩 아파왔다. 처음으로 경험하는 가벼운 고산 증세인가 보다. 히말라야

*커니스Cornice : 능선의 가장자리에 차양처럼 돌출되어 얼어붙은 눈 처마.

등반기에서 고산병*에 대한 부분을 읽을 적마다 나는 예외라고 은근히 믿었는데 그리 높지도 않은 데서 그 증세를 느끼는 나 자신에 가벼운 실망을 느꼈다.

아침부터 아무것도 먹은 게 없어서 배가 몹시 고팠으나 오랜만의 운동 후에 오는 노곤함이 상쾌했다.

클라이네 샤이데크에 도착해 영배 형이 묵고 있는 호텔로 올라가니 선우가 방금 끓인 라면의 첫 젓가락을 입으로 막 가져가려는 순간이었다. 갑자기 우리가 지른 함성에 얼얼해 있는 그를 제치고 우리 둘은 순식간에 뜨거운 라면을 입 안으로 쏟아부었다.

참으로 배고픈 한나절이었다.

호텔의 뜨거운 물로 샤워를 하고 영배 형과 함께 천천히 걸어서 알피글렌에 도착했다. 움막의 문을 밀고 들어설 때 몸 전체로 확 안겨오는 아늑함, 나의 입 안에서는 노래가 절로 흘러나왔다.

"즐거운 곳에서는 날 오라 하여도……."

한쪽 구석으로는 장작이 쌓여 있고 군데군데 거미줄이 쳐져 있지만 우리에게는 아늑하기 비길 데 없는 베이스 캠프였다.

다양한 메뉴의 저녁식사를 즐기고 각자 편안한 자세로 자리

---

*고산병 : 산소가 부족한 고산에 장시간 체류시 나타나는 증세로 두통, 현기증, 구토, 설사에서 심하면 뇌수종, 폐수종 그리고 사망에까지 이른다.

를 잡았다.

　스위스의 건국 기념일이라 여기 조그만 호텔 주변에서도 불꽃놀이를 한다고 시끌시끌했다.

　날씨는 여전히 좋았으나 눈은 만족할 정도로 녹지 않고 있었다. 도대체 얼마를 더 기다려야 할까? 리더인 선우의 생각은 내일 모레는 '제비의 집(Swallow's Nest)'까지 올라가 비박을 하고 무전기로 교신하여 일기 예보를 알아보고는 날씨가 계속 좋다면 쳐올라가는 것인데 각본대로 되어줄런지…….

　움막 천장에 뚫린 구멍으로 별이 어릿어릿 보인다.

오르자, 찌르자!

아침에도 하늘에는 구름이 뿌옇게 덮여 있었다. 어제 뙤히 등반 때 탄 얼굴과 목의 피부들이 벗겨지느라 아주 따가웠다.

호텔 옆 마당에 앉아 바셀린을 얼굴과 목에 발라댔다.

정오경 기상대에 물어본 일기 예보는 내일 오전에는 보슬비, 오후에는 소나기, 저녁에는 더욱 심하게 폭우가 쏟아지겠고 3,600m대가 섭씨 0도였다.

어제 사용했던 장비도 말리고 아이거에 관한 책도 읽으며 시간을 보냈다. 오후 늦게 일기 예보를 다시 알아보았다. 오늘의 융프라우 지역은 남서풍이 시속 80km로 불고 눈이 오며 기온은 섭씨 1도, 프랑스 지방에서 나쁜 날씨가 올라온다고 했다. 내일은 계속 흐리고 푄 바람이 남풍과 함께 불겠으며 3,500m 이상은 영하로 떨어지겠다고 했다.

계속 되는 나쁜 날씨에 모두들 기분이 의기소침해 있었다.

낮에 선희 씨가 그린델발트로 장보러 갈 때 부탁해서 사온 쇠고기를 굽기 위해 밖으로 나가 돌판을 주워와 버너 위에 올려놓고 보니 어디에선가 많이 보던 풍경이 아닌가!

우리는 갑자기 비밀스럽게 바빠지기 시작했다. 정원이는 마늘을 까기 시작했고 나는 쿠킹호일을 비롯하여 참기름(대신 식용유), 파, 상추, 깻잎(이것만은 구입할 수 없었다), 그리고 가장 중요한 술을 사기 위해 식당으로 달음질쳐갔다. 구할 수 없는 소주 대신 한 병에 30프랑이나 하는 위스키를 골랐다.

등반대의 가난한 재정으로는 실로 어마어마한 돈이었지만 술을 마시는 데 일찍이 돈을 아껴본 적이 없는 우리는 역시 과감했다. 결국 두 병이나 해치웠으니…….

상추의 물기를 탁탁 털어 손에 올려놓고 고기와 마늘을 싸서 준비하고 있다가 영배 형의 "오르자!", "찌르자!"라는 외침을 신호로 우리들은 입으로 위스키 잔을 마치 소주인 양 탁 털어넣었다.

연예계 다음으로 말 많다는 산악계의 산쟁이들답게 산과 산 친구들의 이야기부터 온갖 종류의 사건을 화제 삼아 술판은 무르익어갔다.

그러나 아무도 북벽에 대한 이야기는 꺼내지 않았다.

우리는 도대체 매일 비만 오는 이 아이거 밑에서 무엇을 기다리고 있는가? 저기 음험하게 도사리고 있는 저 벽을 우리는 왜,

무엇을 찾고자 목숨마저 내걸고 올라가려고 하는가?

우리는 무겁게 짓누르고 있는 북벽의 위압감에서 애써 벗어나려고 발버둥치고 있었는지도 모른다. 등반을 앞두고 이를 악물고 끊어왔던 술과 담배가 하등의 거리낌이나 주저함 없이 이렇게 쉽게 받아들여지는 이유는 무엇일까? 그것도 바로 지척에 북벽이 솟아 있는 이 베이스 캠프에서 말이다.

형편없이 취해버린 우리들은 서울에서 술 먹었을 때와 전혀 다름없이 노래 부르며 떠들어대다 침낭 속으로 하나씩 사라져갔다.

스위스 사람들은 아이거를 처녀에 비유한다.
오랜만에 구름 사이로 정상을
드러내 보이는 아이거 북벽.

내일은 비, 모레도 비, 글피도 비

8월 4일. 눈을 뜨자마자 들리는 것은 여전히 빗소리. 아침에 날씨를 알아보니 오늘은 비, 내일은 부분적으로 해, 모레는 비, 그리고 천둥번개도 친다고 한다.

내일 아침에 맑으면 계획대로 제비의 집까지 가서 비박하기로 하고 정리한 짐들을 장작더미 옆에 쌓아두고 색을 메고 나왔다. 그 동안의 움막비를 지불하고는 기차를 타고 클라이네 샤이데크로 올라갔다.

지루하기만 한 기다림에 지쳐버린 우리들은 "대장님! 명령만 내리십시오. 폭설이 오고 번개가 칠지라도 우리들은 기꺼이 출동할 준비가 되어 있습니다"라는 농담을 입버릇처럼 하곤 했다. 사실 정원이나 나는 항상 대장인 선우가 '가자'라고만 한다면 지옥이라도 따라갈 마음의 준비가 되어 있었다.

대학 산악부의 엄격한 위계 질서 속에서 명령에 대한 복종을 배워온 우리들은 언제부터인가 동기 산행을 할 때도 버릇처럼 항상 누군가를 대장으로 삼고—보통 돌아가면서 하고 싶다는 사람이 했다—그를 구심점으로 삼아 위험하거나 중요한 순간에 자칫 분열되기 쉬운 의사를 한 군데로 모으게 했고, 간혹 몇몇 사람들이 투덜거릴지라도 결정된 사항은 철저하게 지켜왔다.

영배 형이 묵고 있는 곳에서는 버너를 켜는 게 금지되어 있기 때문에 호텔 주방까지 내려가서 끓여온 갈비탕과 미역국으로 저녁식사를 했다. 하루 종일 내리던 비가 드디어 그쳤다. 내일은 일기 예보대로 맑아지려나?

8월 5일 아침, 오랜만에 구름 사이로 해가 빛났으나 아이거는 전체적으로 가스에 잠긴 채 정상 부분만 맑게 개어 있었다. 10시 30분에 배낭을 메고는 영배 형과 함께 북벽을 향해 출발했다. 그는 '갱도 입구'에 데포*시켜놓은 장비들이 젖지는 않았는지 보러 가는 길이었다.

한 시간 걸려 도착한 설계 밑에서 수통의 물을 조금씩 마시고는 클라이밍 장비들을 몸에 걸고 내가 톱으로 나아가기 시작했.

내 복장은 아래는 등반용 모직 내의, 그 위에 무릎 아래까지 오는 등산용 니커 바지, 위에는 등반용 모직 내의 바람, 세컨드인 선우는 아래 위에 내의와 아노락*을 입었으며, 라스트인 정

---

*데포Depot: 신속한 등반을 위해 식량, 장비 등 등반에 필요한 물품을 등반 시작 전에 중간 지점에 미리 갖다놓는 것.
*아노락Anorak: 방풍용 상·하의.

원이는 아래는 내의, 니커 바지, 오버트라우저*, 위에는 내의, 긴 팔 셔츠, 윈드 재킷을 입고 있었다.

12시 5분에 설계를 시작하여 설계 중간의 큰 크레바스에서 자일을 묶고 세 피치를 연등*하여 바위가 시작되는 부분의 베르그슈룬트를 지나자 오후 1시였다.

아이젠을 벗는 동안 클라이네 샤이데크에 있는 선희 씨와 무전기 교신을 시도했다. 현재 시판되는 것 중에서 무게가 가장 가볍다는 일제 소니 리틀 존 무전기는 잡음이 하나도 없이 성능이 훌륭했다.

조금 전에 취리히 공항의 기상대에 전화를 해보았다는 그녀는 앞으로 3일간의 날씨는 변화가 많으며 특히 아이거 지역의 등반은 위험하다더라며 걱정을 했다.

가스가 약간 끼여 있기는 했지만 날씨는 좋았다.

자일을 맨 채로 연등하며 조금씩 고도를 높여갔다. 위험하다고 생각되는 곳은 서로 확보*를 보기도 하면서, 경사가 심하지 않고 부서진 돌들이 많은 곳을 계속 올라 삼각형 모양의 설원에 도착했다. 길이가 120m 정도 되는 설사면을 아이젠을 신고 반

---

*오버트라우저 Over Trousers : 방풍, 방습, 보온을 위해 입는 덧바지.
*연등 : 비교적 쉽거나 덜 위험한 구간에서 서로 자일로 연결한 채 동시에 같이 등반하는 방식. 불시의 추락에 대비한 상호 확보를 하지 않아 위험하나 속도가 빠른 게 장점.
*확보 : 움직이고 있는 등반자의 추락을 대비하거나 자기 자신의 추락을 방지하기 위해 자일 등을 조작하는 행위.

북벽 밑의 설계에서 훈련 중인 대원들.
위쪽에 먼저 출발한 영배 형이 작은 점처럼 보인다.

쯤 오르다가 왼쪽(이후 상하좌우의 방향 표시는 북벽을 마주보고 있다고 간주하고 일컫는 것임)으로 트래버스하여 바위로 다시 진입하고는 아이젠을 벗었다. 쉬운 부분을 계속 걸어올라 3시 정각에 '제1필라'의 꼭대기와 같은 고도쯤이며 새터드 필라의 바로 밑인 지점을 통과하여 45도 각도로 오른쪽 위로 비스듬히 전진하였다.

한 번은 톱인 내가 전진하면서 바위 위로 길게 늘어지는 자일 때문에 낙석이 굴러가 선우의 엉덩이를 살짝 건드리고 떨어져 갔다. 몇 센티미터의 차이로 위기를 모면한 선우는 더 올라가서야 그 낙석이 엉덩이 옆쪽에 차고 있던 소형 롤라이 카메라를 채어갔음을 알았다. 그는 약 40m를 도로 하강하여 여기저기를 살펴보았으나 결국 찾지 못하고 다시 올라왔다. 아마도 박살이 난 채로 크레바스에 처박혀 있겠지. 이 조그만 사고로 등반이 한 시간 정도 중단되었다.

다시 연등으로 계속 오르다 15m의 높이에 75도 경사로 선 쉬운 크랙에 고정 자일*이 늘어져 있고 블레이드*형 하켄 하나가 박혀 있는 부분을 통과하자 30m 정도 위쪽에 비박할 만한 장소가 보였다.

*고정 자일 Fixed Rope : 등반을 용이하게 하기 위해 일정 부분에 고정시켜놓은 자일.
*블레이드 Blade : 칼날같이 얇은 형태.

밑에서 보기에는 괜찮은 오버행*이었으나 올라가 보니 위에서 물방울이 계속 떨어지고 있었다. 쉬운 두 피치의 슬랩* 지대를 계속 오르자 조그만 비박 굴이 하나 더 있었으나 처음의 것보다 좁고 물도 많이 떨어지고 있었다.

8시 가까이 되어가고 있었으므로 제비의 집까지 가기는 어려울 것임을 느낀 우리는 첫번째 비박 굴에서 자기로 결정하고 하강을 하여 다시 돌아왔다.

세 명이 허리를 구부리고 겨우 앉을 수 있는 비박 굴에는 딴 팀이 자고 간 흔적도 있었다.

서모 블랭킷*으로 떨어지는 물을 대충 막고는 무전기를 꺼내 교신을 시도했다. 내일은 비, 모레도 비, 그리고 글피도 비가 온단다. 지겨운 비, 비, 비…….

알파미(끓는 물만 부으면 밥이 되는 인스턴트 쌀)와 양송이 수프로 저녁을 먹고는 비박 준비에 들어갔다. 여기 오버행의 몇 미터 밖으로는 비가 안 오지만 우리가 앉아 있는 곳은 흘러내리는 물방울로 비를 맞고 있는 거나 다름이 없었다. 오버행 밖은 여기처럼 비교적 앉을 만한 곳도 없지만 떨어지는 낙석이 위험

---

*오버행 Overhang : 90도를 넘는 경사의 암벽이나 빙벽으로, 낙석으로부터 보호를 해주기 때문에 그 밑은 종종 비박지로 사용된다.
*슬랩 Slab : 발바닥의 마찰력을 이용하여 오를 수 있는 바위 형태.
*서모 블랭킷 Thermo Blanket : 단열재로 만든 판초.

해 밤을 새울 수는 없는 노릇이었다.

사레와에서 새로 산 신을 신고 있던 나만 제외하고 선우와 정원이는 발이 젖었다고 투덜댔다. 오버행 안쪽 깊숙이 머리들을 집어넣고 각자 취침에 들어갔다. 한 시간 혹은 두 시간 간격으로 잠에서 깼다. 북벽을 통틀어 이만큼이라도 되는 비박지가 없을 텐데도, 즉 앞으로 이보다 더한 상황에서도 비박을 해야 할 텐데 이렇게 잠을 못 이루니 걱정이었다.

훌륭한 등반가가 되려면 우선 비박 왕—아이거 북벽 초등자 중의 한 명인 루드비히 푀르크(1941년 전사)의 별명이기도 하다—이 되어야 한다. 언제 어디서 어떠한 상황에서도 원하기만 한다면 금세 깊은 잠으로 빠져들 수 있는 등반가만이 다음날 등반에도 지장이 없지 않겠는가…….

우리나라에 야간 통행 금지가 있던 시절, 술 먹을 돈은 있어도 택시 타고 집에 들어가거나 여관 신세 질 돈은 없어서 아무 곳에서나(남의 집 부엌이나 처마 밑의 굴뚝 옆, 다리 밑이나 공사장에 널려진 토관 속, 심지어는 모르고 담 넘어 들어간 경찰서 뒷마당의 나무 그늘 속 등) 웅크리고 추위에 떨면서 보낸 무수한 밤들은 다 오늘을 위한 훈련이었던가!

고도를 버려 되찾은 활기

아침 6시에 기상했다. 무전기로 알아본 일기 예보는 아침만 맑고 오후와 저녁에는 천둥 번개가 친다고 했다. 번개에 사랑하는 친구를 잃은 쓰라린 기억이 아직도 남아 있는 우리들은 어제 반나절을 힘들여 올라온 고도가 아까웠지만 내려가기로 결정하지 않을 수 없었다.

아침식사로 수프를 먹고는 재공격 때를 대비해서 버너와 식량, 서모 블랭킷 그리고 약간의 암벽과 빙벽용 하켄을 남겨두고 내려가기 시작했다. 오버행에서 기어나오니 우선 위에서 물방울이 안 떨어진다는 사실이 행동을 자유롭게 만들었다.

약 80m를 하강하다가 선우의 제안으로 힌터슈토이서 트래버스까지만 정찰 겸 갔다오기로 하여 배낭을 벗어놓고 선우와 나는 다시 올라가기 시작했다. 어제의 두번째 조그만 비박 굴까지 다시 올라 오른쪽으로 중간에 하켄이 드문드문 쳐져 있는 60m 가량의 밴드*를 트래버스하여 '힘든 크랙(Difficult Crack)'의 밑

부분에 도착했다. 주위의 암각(바위가 각지게 튀어나온 부분)들에는 긴 나일론 로프들이 둘러쳐져 있고 하켄도 상당수 박혀 있었으나, 정작 고정 자일이 항상 걸려 있다던 힘든 크랙에는 아무것도 없었다. 90도가 넘는 오버행 약 2, 3m와 85도 정도 경사의 15m의 크랙* 그리고 경사가 늦춰지는 25m의 크랙을 프리 클라이밍*으로 올라 기존(설치되어 있는) 볼트(Bolt)에 확보하고 자일을 고정시켜 선우를 유마르로 올라오게 했다.

이 힘든 크랙은 이름에서도 알 수 있듯이 아이거 북벽의 첫 관문이라고 일컬어진다. 1956년 여기를 톱으로 올라가던 독일의 무스뮐러가 추락하면서 세컨드이던 죄넬을 같이 채어가, 북벽의 제일 밑바닥에서 갈가리 찢겨진 시체로 발견됨으로써 아이거 북벽 공동묘지의 입주자 명단에 들어갔다.

박혀 있던 볼트에서 왼쪽 45도 경사로 비스듬히 가로질러 홀드*와 스탠스*가 많은 슬랩 지대를 80m 오른 후, 아래로 90도의 직벽이 내리뻗어 있어 더욱 고도감이 드는 10m 정도 길이의 밴드를 중간중간에 박혀 있는 하켄에 자일을 통과시키며 왼쪽으

---

*밴드Band : 바위면을 가로질러 선반 모양의 띠를 두른 바위 턱.
*크랙Crack : 바위의 갈라진 틈.
*프리 클라이밍Free Climbing : 암벽을 인공 보조수단 없이 오르는 방식.
*홀드Hold : 암벽면에 노출된 잡을 만한 곳.
*스탠스Stance : 암벽면에 노출된 발디딤대.

로 나아갔다. 그리고 왼쪽의 꿀르와르*를 15m 직상하여 눈이 두껍게 덮여 있는 약간 경사진 테라스*에 도착했다.

여기가 바로 힌터슈토이서 트래버스가 시작되는 지점이었다.

이 테라스에는 두 개의 기존 하켄이 잘 박혀 있었고, 왼쪽으로 비교적 양호한 밴드가 죽 이어져 있으며, 그 위로 적당한 위치에 보라색의 11mm 고정 자일이 중간중간 하켄을 통과하며 묶여져 있었다. 바위는 원래 다른 곳과 마찬가지로 검은 색의 석회암이었을 테지만 무수히 낙석에 맞은 흔적으로 거의 하얗게 보였다. 이 테라스는 트래버스 너머로 그린델발트가 보이고 아래쪽의 직벽 밑으로는 알피글렌이 한눈에 들어오는 전망 좋은 곳이지만 트래버스를 시작하여 첫 5m 정도 되는 지점은 위에서 눈 녹은 물이, 혹은 눈사태가 제1설원과 제2설원을 연결하는 '아이스 호스(Ice Hose)'에서부터 계속 쏟아져 내려와 테라스에까지 물방울을 흩뿌렸다.

12시 20분에 하강하기 시작했다. 테라스 전의 꿀르와르를 올라설 때 러닝 빌레이* 용으로 쳤던 블레이드형 하켄 한 개와 밴드에 쳤던 ㄷ자형 하켄 한 개는 다음의 본 공격 때 다시 쓰기 위

*꿀르와르Couloir: 침식에 의해 형성된 바위면 사이의 갈라진 틈.
*테라스Terrace: 등반자가 걸터앉기에 충분한 넓이의 장소.
*러닝 빌레이Running Belay: 톱이 오르면서 추락 거리를 줄이기 위해 하켄, 너트, 볼트 등에 자신의 자일을 통과시키며 전진해 나아가는 것.

해 회수하지 않은 채로 놔두고, 힘든 크랙에서는 하강하면서 9mm짜리 자일 한 동을 고정시켜놓았다. 기다리고 있던 정원이와 같이 하강을 계속하여 3시 45분에 바위를 다 내려와 설계와 만나는 베르그슈룬트에 도착했다.

이때 정원이가 베르그슈룬트 안이 어떻게 생겼는지 한 번 들어가 보고 싶다고 막 말을 끝내기도 전에 실수로 신고 있던 아이젠 한 짝을 그 안으로 떨어뜨리고 말았다. 그의 호기심을 채워주고 싶었던 나는 투덜거리는 그를 억지로 내려보내 10m 아래쯤의 얼음이 턱진 부분에 위태하게 걸려 있던 아이젠을 간신히 찾을 수 있었다. 그 밑으로 끝이 보이지 않는 시커먼 공간이 입을 벌리고 있었다. 힘들여 다시 올라온 정원이는 구경시켜줘서 고맙다는 말은 했지만 얼굴 표정은 전혀 고마워하는 기색이 없었다.

약 10분 만에 설계를 다 내려와서 아이젠을 벗었다. 어제 힘들여 얻었던 상당한 고도를 버렸지만 우리는 안전한 지대로 다시 내려왔음에, 물방울이 뚝뚝 떨어지던 비박지에 앉아 있던 아침보다 비교할 수 없을 정도로 기분이 쾌활해져서 조그만 일에도 크게 웃으며 떠들었다.

기다리다 지친 영배 형이 마중 나와 있었다. 우리는 설계 밑의 초원지대에서 만나 내려가다가 작년의 베이스 캠프 자리 아래쪽에 위치한 영국 대원의 텐트에 들러서 북벽에 대한 이야기를 몇 마디 주고받았다. 그들도 날씨에 대해 불평을 하고 있었는데 일기가 호전되지 않으면 철수해야겠다고 걱정스러운 얼굴들이었다.

  그들을 뒤로 하고 초원지대를 가로지른 길을 따라 퍼붓기 시작한 빗속을 뚫고 클라이네 샤이데크의 호텔로 돌아왔다.

  기다림 없이 북벽은 오를 수 없는 것인가?

  저녁식사 후 어제, 오늘에 대한 이야기를 나누다가 번쩍이는 번개와 함께 쏟아지는 빗소리를 들으며 잠 속으로 빠져들어갔다.

결전은 다가오고

　　　　　선우는 선희 씨와 그린델발트에 쌀과 고기를 사러 내려가고 남은 우리들은 아침식사로 수프를 끓여 먹었다. 8월 7일 토요일이었다. 창문에 턱을 괴고 물끄러미 쳐다보기도 하면서 시간을 보냈다.

　마침 어제 만난 영국 대원 한 명이 역 근처를 지나는 것을 발견하고는 소리를 질러 3층으로 불러들였다.

　긴 턱수염하며 흡사 크리스 보닝턴* 비슷한 분위기를 풍기는 이 친구는 나이가 서른여섯 살이었지만 이야기를 나누다 보니 나이와 상관없이 산이라는 매개체를 통해 여러 가지 공통점을 찾아낼 수 있었다. 하지만 서른여섯이면 어려운 등반을 계속하기에는 너무 늙은 게 아닌가라고 하자, 그는 오히려 내 생각을 이해할 수 없다며 고개를 갸우뚱거렸다.

*크리스 보닝턴 Chris Bonington : 1934년 영국 출생. 히말라야에 능통한 등반가, 사진가, 작가, 아이거 북벽을 여섯 번 시도한 끝에 성공했다.

아이거를 배경으로 자리잡은 클라이네 샤이데크의 호텔들.

사실 우리나라 대부분의 클라이머들은 너무 조로(早老)해버려 곤란한 등반은 아예 시도조차 하지 못하고 스스로 포기해버리는 경향이 있는데, 이에 대한 반성이 있어야 할 것이다.

그는 그린델발트의 가이드가 쓴 『아이거 북벽 가이드』라는 책에서 추려낸 루트에 대한 설명서를 가지고 있었는데, 나는 그것을 장시간에 걸쳐 번역하며 베껴 적었다. 거기에는 우리가 오르고자 하는 헤크마이어 루트의 전부분이 비교적 상세하게 기술되어 있어서 우리가 갖고 있는 책에서 요약한 것보다 훨씬 도움이 되리라 예상했다. 며칠 뒤에 우리끼리 구두 시험까지 보기로 하고 전부 달달 외우기로 했다.
　오후 늦게 알피글렌으로 내려왔다.
　다음날도 날씨는 여전히 흐렸다.
　오전에 간간이 해가 날 때를 틈타 젖은 옷가지들을 말리며 망원경으로 북벽을 계속 살폈다. 생각 같아서는 단 이틀 만에라도 올라갈 수 있을 것 같았다.
　스위스에서 일기 예보가 가장 정확하다는 취리히 공항의 기상대에서 희망적인 대답이 나왔다. 내일 오전은 구름, 오후는 약간의 구름이 끼겠으나 모레부터 3일간(8. 10~12)은 날씨가 맑겠다고 했다.
　저녁식사를 하고 나자 갑자기 소나기가 한바탕 쏟아지더니 부슬부슬 가는 비가 내렸다.
　언제 다시 등반을 시작하는가에 대해 잠시 의견을 나누다가 모레(8월 10일)부터 시작해 제비의 집에서 첫번째 비박을 하자는 선우의 결정을 따르기로 했다.

미리 하는 하직인사

다음날 아침, 설계 밑에서 텐트를 치고 대기하던 영국 대원 두 명이 그린델발트로 텐트를 옮긴다며 우리의 움막에 들렀다. 무작정의 기다림에 지쳤나 보다. 이번 목요일경에 벽에 올라 붙을 예정이라던 그들은 내일부터 일기가 좋아진다는 기상대의 예보가 있으니 조금만 더 기다려보라고 말려도 그냥 내려가겠다고 했다.

1,800m의 벽에 우리 말고 다른 누가 또 있다고 생각하면 조금이라도 위안이 될 텐데…….

공항에 일기 예보를 다시 알아보았다. 오늘과 내일은 흐리고 4,000m에서 섭씨 0도이겠으며 8월 11일은 맑음, 12일은 맑은 후 저녁 때 아마 비가 오며 번개가 치겠다고 했다.

아이거에서 맑은 날이 며칠째 계속되는 것을 어떤 기록에서도 본 적이 없고 우리의 오랜 기다림을 통해서도 이미 확인한 이상 우리의 공격 시기는 확정되었다. 계획대로 8월 10일에 제

날씨는 좋은데도 여전히
아이거 북벽은 구름을
빨아들이고 있다.

비의 집, 11일에 신들의 트래버스(Traverse of Gods) 시작 부분에서 비박하고, 12일 정상을 거쳐 하산할 수만 있다면 중간에 나쁜 날씨를 만나지 않을 것이다.

또 꼬리곰탕과 정어리찌개로 늦은 아침식사를 하고 내일의 공격을 위해 짐을 싸기 시작했다.

수프 한 가지, 설탕 한 봉지, 아이스 스크류* 한 개는 물론이거니와 양말 한 켤레를 더 넣는 데도 열띤 토론을 벌이며 그것

* 아이스 스크류Ice Screw : 스크류 모양으로 만들어진 빙벽 등반용 하켄.

이 있고 없음으로 해서 과연 우리의 생명과 관련되는 일이 생길 것인가를 여러 각도로 따져보며 짐의 무게를 줄이는 데 최선을 다했다. 선우는 두 시간을 망설이다가 결국 앵글형(Angle : V형태로 생긴) 하켄과 너트*의 수를 두 개씩 줄이고 스나그 아이스 스크류를 하나 더 넣었다.

우리의 계획대로 모든 게 3일 안에 끝난다면 더없이 다행한 일이지만 만약 3일이 넘어간다면 그 뒤로는 굶으면서 정신력으로 버틸 각오를 하지 않을 수 없었다. 그만큼 스피드가 최고인 북벽에서는 무게가 생(生)과 사(死)의 결정적인 요인이 되었다.

나는 매트리스를 빼는 대신에 색 안에 등받이로 들어 있는 손바닥만 한 패드로 만족하기로 했으며 예비 양말을 세 켤레로 하느냐 두 켤레로 하느냐라는 문제를 놓고 오전 내내 고민하다가 "에라, 죽느니 동상이다!"라며 한 켤레를 과감히 빼버렸다.

장시간에 걸쳐 공격용 짐을 색에 꾸리고는 나머지 식량과 장비 및 개인 사물들을 큰 백 안에 정리하여 한쪽 구석에 쌓아놓았다. 만약 모두 영영 못 돌아올 경우라도 뒷처리가 간편하도록 하기 위함이었다.

스파게티를 만들어 간단히 중식을 끝내고 호텔 식당으로 가

---

*너트Nut : 하켄 대용으로 발달된 쐐기 형태의 암벽 등반 장비로서 빠른 설치 및 회수 외에도 암벽을 손상시키지 않는다는 장점이 있다.

서 움막비를 지불하며 그 동안 여러 가지로 고마웠노라고 마치 다시는 못 볼 것처럼 하직인사를 했다.

움막으로 돌아와 색을 메고 나오다가 정원이와 선우의 눈치를 보며 일회용 설탕 몇 봉지를 배낭에 쑤셔넣었다. 이것들이 우리가 살아 돌아오는 데 조그마한 힘이나마 되어줄 것을 마음속으로 빌면서…….

움막을 뒤로 하고 클라이네 샤이데크로 막 걸어 올라가는데 일본인 주방장 윈터가 다가와 진심으로 걱정어린 눈초리로 우리를 배웅했다. 한 시간 반 정도를 천천히 걸어올라 4시에 클라이네 샤이데크의 호텔에 도착했다. 지난 번에 비박하고 내려왔을 때 들러서 놔두고 갔던 아이젠, 피켈, 아이스 해머와 헬멧 등을 색에 달자 각자 짐의 무게가 15 내지 20kg 정도씩 나갔다. 무게를 더 줄이고 싶었으나 이제는 무엇 하나도 빼서는 안 되는 상태였다.

된장찌개와 참치조림을 메뉴로 저녁식사를 하고 각자들 비브람*에 미국산 왁스를 너댓 번씩 버너에 말려가며 정성껏 발랐다. 세 사람의 얼굴이 모두 격전을 앞둔 특공대원들처럼 진지하다 못해 비장한 빛을 띠고 있었다.

밤 11시 30분에 잠을 청하며 누웠다. 아이거 북벽이 우뚝 찌

---

*비브람 Vibram : 이탈리아의 등산화용 신발창 제조회사 이름. 보통 겨울 등반 때 사용하는 무거운 중등산화를 칭한다.

르고 서 있는 하늘엔 별이 총총했다.
 내일부터 계속 맑아주십사 하고 뚜렷한 대상도 없이 무작정 빌었다.
 등반을 대비한 트레이닝을 위해 힘겹게 뛰어오르던 허드슨 강가의 가파른 계단들, 서울로 휴가 나오기를 손꼽아 기다리고 있을 어머니, 작년처럼 가루가 되어 알루미늄관 속에 담겨 돌아오면 밀린 회비 낼 놈들 없어서 동기 모임이고 뭐고 해산해야겠다던 서울의 동기들, 오만 가지 잡념이 꼬리를 물고 이어져 새벽녘까지 뒤척거렸다.

각자 살기

8월 10일, 아침 7시 45분에 기상하여 영배 형과 선희 씨가 정성스레 지어주는 밥과 미역국으로 아침식사를 하고는 여권과 돌아갈 비행기표, 서울의 연락처를 적은 종이 등을 남겨놓고는 색을 메고 일어섰다. 선희 씨는 오늘 그린델발트로 내려가 이미 만료된 보험을 다시 들어주기로 했고, 영배 형과는 매 홀수 시간마다 무전기로 교신을 하기로 했다.

하늘은 구름 한 점 없이 맑게 갰다. 10시 정각에 설계 밑에 도착해 각자 아이젠을 신고 자일을 매지 않은 채로 설계와 군데군데 입을 벌린 크레바스를 지나, 베르그슈룬트를 뛰어넘어 아이젠을 벗었다. 그리고는 장비를 색에서 꺼내 몸에 달고 톱은 나, 세컨드는 선우, 그리고 라스트는 정원이의 순서로 '각자 살기로(Ropeless Climbing : 자일을 매지 않은 채 차례로 올라가는 방식을 우리는 이렇게 불렀다. 각자의 목숨은 각자 책임지자는 뜻으로 지극히 개인적이고 위험한 방식인 것 같지만 서로간에 늘어지는 자

드디어 출발! 클라이네 샤이데크에서.
스피드가 관건인 아이거 북벽에서는 생명과
관련된 최소의 짐만을 꾸려야 한다.
나, 남선우, 박영배, 김정원.

일이 일으키는 낙석의 피해도 줄일 뿐더러 힘든 크랙의 밑까지는 경사가 완만하여 어느 등반대나 보통 자일을 쓰지 않는다)' 올라가기 시작했다.

내 몸에 매단 공동 장비는 카라비너 스물한 개, 슬링* 열세 개를 비롯해, 하켄 및 너트 열대여섯 개를 지난 번 등반 때 비박지에

---

* 슬링 Sling : 확보 및 러닝 빌레이 등에 많이 쓰이는 나일론 끈.

놔둔 것과 회수할 것 등을 합치면 무게는 더욱 늘어날 것이다.

자일은 현재 45m짜리 한 동이나, 위의 힘든 크랙에 고정되어 있는 한 동을 합하면 두 동이 될 것이다. 단, 고정 자일이 그 동안에 낙석이나 벼락에 손상되지 않았을 것이라는 전제 하에.

만약 조금이라도 상처가 생겼다면 우리는 다시 내려오지 않을 수 없을 것이다.

11시 43분, 제1필라 오른쪽의 삼각 설원을 아이젠을 신고 통과하여 새터드 필라의 바로 밑 오버행 진 부분 밑을 돌아 계속 오른쪽으로 비스듬히 올라가며 전에 박아놓았던 앵글형 하켄 한 개를 회수했다.

기존 블레이드형 하켄과 고정 자일이 쳐져 있는 15m 크랙을 올라 비박지에 데포시켜놓았던 장비와 식량을 꺼내 각자의 색에 나누어 넣었다.

오후 2시 30분, 힘든 크랙을 넘어서서 회수한 고정 자일로 선우와 정원이 사이를 연결했다. 위로는 붉은 벽이 고개가 아플 정도로 까마득히 솟아 있었다. 붉은 벽은 약 300m의 오버행으로 아이거 북벽 속의 또 하나의 북벽이란 소리를 들을 정도로 자유 등반이 불가능한 벽이다. 수십 년 뒤 상상을 초월하는 슈퍼맨과 같은 클라이머가 등장한다면 몰라도 현재로선 300m의 오버행을 자유 등반으로 올라갈 수 있는 사람은 아무도 없다.

1969년 여섯 명의 일본인이 200m로 가장 짧은 벽쪽으로 볼트

제1필라의 오른쪽에서 처음으로 자일을 쓰기 위해 준비하고 있다.

를 이용하여 인공 등반*하는 데 성공했다. 그들은 스물여섯 살의 다키오 가토를 리더로 하여 등반대의 의사로서 마터호른 북벽을 최초로 오른 여성 등반대원 중의 한 명인 미치코 이마이를 포함해 스무 살부터 스물일곱 살 사이의 다섯 명의 대원으로 구성되었다. 200개의 하켄, 200개의 카라비너와 아이거 북벽 높이의 두 배가 넘는 3,700m의 고정 자일을 포함한 1톤의 장비를 동원하여 깨끗하기만 하던 '붉은 벽'에 무수한(150개) 볼트를 박으며 올라섬으로써 아이거 북벽에 또 하나의 루트인 일본인 디레티시마*의 하단부를 완성하기에 이른 것이다. 마치 몇 년 뒤 일단의 일본인들이 설악산의 울산암에 볼트를 무수히 박아 억지 코스를 하나 만들어냈듯이…….

붉은 벽에 걸려 있는 고정 자일을 잠시 올려다보다가 왼쪽 위로 비스듬히 80m 가량 슬랩 지대, 10m의 밴드 트래버스와 눈으로 차 있는 15m의 꿀르와르를 지나 힌터슈토이서 트래버스가 시작되는 눈 덮인 비스듬한 테라스에 올라섰다

* 인공 등반 : 자유 등반의 반대 의미로서 하켄이나 볼트 등 인공 보조물을 확보용뿐만 아니라 몸을 의지하여 전진하는 데 사용하는 등반.
* 디레티시마Direttissima : 보다 험난한 등반을 추구하기 위해 정상까지 직선으로 오르는 등반 방식.

아이거의 첫째 관문이라고 할 수 있는 힘든 크랙을 오르고 있다.

힌터슈토이서 트래버스 시작 전의

작은 눈 덮인 테라스에 선 나와 남선우.

제비의 집으로 쏟아지는 별

걸려 있는 고정 자일에 카라비너를 통과시키고 약 30m 가량의 힌터슈토이서 트래버스를 건너갔다. 고정 자일의 중간이 낙석에 맞아 거의 끊어질 듯이 보이는 부분도 있었으나 밑으로는 눈이 쌓이거나 얼어붙어 있지 않는 한 지나가기에 양호한 스탠스들이 밴드처럼 죽 있어서 별 어려움 없이 건너갈 수 있었다.

1936년, 이 트래버스를 처음으로 지나간 힌터슈토이서를 비롯한 네 명의 독일 및 오스트리아 등반대가 사고를 당해 여기를 다시 거꾸로 트래버스하여 퇴각하려고 했으나, 결국 실패하고 고정 자일을 설치해놓지 않았던 것을 후회하며 전원이 하나씩 죽어갔다. 만약 스탠스들에 얼음이 얼어붙어 있고 고정 자일마저 없다면 있을 법한 일이었다.

그러나 트래버스를 끝낸 스탠스에서 돌아보면 약간 이해가 안 가는 부분이 있었다. 만약 밴드가 얼어서 퇴각이 불가능하다면 이 스탠스에서 오른쪽 밑으로 45도 비스듬히 하강하여 트래버스 전의 테라스로 향하는 얼음이 얼어 있는 크랙을 오르면 되지 않았을까? 여하튼 이 고도감 나는 트래버스를 처음으로 해내고 내가 미처 알지 못하는 어떠한 난관에 부딪혀 죽음을 당하고야 만 바위의 명인(名人) 힌터슈토이서 선배의 명복을 빌었다.

트래버스를 끝내고 약 20m를 고정 자일을 따라 직등하여 셋다 모인 경사진 테라스는 비박하기에 과히 나쁠 것 같지는 않았지만 우리의 목표였던 제비의 집은 아닌 것 같아서 색을 벗어놓고 약 30m 위쪽으로 보이는 오버행까지 가볼 작정으로 혼자 다시 오르기 시작했다.

출발한 테라스의 바로 왼쪽으로는 제1설원이고 위쪽으로는 7m의 고정 자일이 얼음에 묻힌 채로 오버행까지 연결되어 있었다. 아이젠을 색과 함께 테라스에 두고 왔기 때문에 얼음이 있는 곳에서는 아이스 해머를 찍어 딛고 올라서는 등 별 곡예를 다하며 자그마한 오버행에 도달하여 살펴보니 책에 기술되어 있는 제비의 집 모양과 비슷하다. 됐다 싶어서 자일을 끌러서 기존 하켄에 고정시켰다. 그리고 다시 하강하여 짐을 지고 유마르로 올라 오후 7시 45분에 우리의 첫 비박지인 제비의 집에 셋이 다 모일 수 있었다.

오버행의 왼쪽에는 1937년 이곳을 제비의 집이라고 명명한 루드비히 푀르크가 비박할 때 바람을 막기 위해 쌓았다고 전해지는 얕은 돌무더기의 흔적이 보이기도 하나 지금은 사람 하나 겨우 앉을 정도만 남겨두고는 바닥에 얼음이 두껍게 깔려 있었다. 그 동안 제1설원으로 쌓이던 눈이 밀려들어와 언 것 같았다.

각자 확보를 하고는 한 시간 정도 작업을 하여 얼음을 어느 정도 깎아내고 셋이 간신히 누울 정도의 바닥을 만들었다.

하켄을 틈이 있는 곳마다 쳐서 박고 하켄 사이로 자일을 지나가게 하여 고정시켜놓고는 젤프스트*에 건 카라비너를 통과시켜 비교적 자유롭게 움직일 수 있도록 만들었다.

얼음을 녹여 분말 청국장에 마운틴 하우스 제품의 인스턴트 쇠고기를 끓인 국과 알파미로 저녁식사를 했다. 그리고 장시간 걸려서 물을 끓여 코코아를 마시며 클라이네 샤이데크의 영배 형과 교신했다.

내일과 모레의 날씨도 맑을 것이라는 기상대의 예보를 전해주었다.

현재 날씨는 무척 좋았다. 바로 앞쪽으로 북두칠성과 북극성이 보였다. 북벽 안에서 내다보는 밤하늘에도 별들은 쏟아질 듯이 무수히 많았다. 영원히 잊을 수 없는 아름다운 밤이었다.

---

*젤프스트Selfst: 안전벨트를 말하며 추락시 충격을 몸에 골고루 분산시켜 커다란 부상을 당할 확률을 감소시키는 용구.

12시에 각자 취침에 들어갔다. 좁기는 하지만 위에서 떨어지는 물방울이 없고 그나마 몸을 눕힐 수 있는 이곳은 그래도 북벽 안에서는 가장 좋은 비박지임에 틀림이 없었다. 정원이는 가벼운 대신 얇은 침낭 안에 스키바지를 입고 들어갔고, 선우는 고어 텍스* 침낭 커버* 안에 우모복 상하의를 입은 채였고, 나는 위에는 우모복, 아래는 오버트라우저를 입고 발을 색 안에 집어넣었다. 침낭까지 넣은 배낭을 무겁게 지고 등반을 계속할 지구력에 자신이 없었던 나는 무게 대신 추위를 택했던 것이다.

제1설원으로 간간이 떨어져 우리의 비박지 옆으로 쏟아져 내려가는 눈사태 소리를 들으며 우리는 비교적 춥지 않게 잠 속으로 빠져들어갔다.

*고어 텍스Gore Tex : 미국의 고어가 발명한 천으로서 방수성과 투습성이 있어서 등산용품에 널리 사용된다.
*침낭 커버 : 침낭의 보온 및 방수성을 높이기 위해 덧씌우는 커버로서 여름철에는 종종 이것만으로도 비박을 한다.

위기의 순간

다음날 새벽 4시에 우리는 기상했다. 밤하늘엔 여전히 별들이 총총하고 그린델발트의 따뜻한 불빛들은 손에 잡힐 듯이 가까워 보였다. 밤 사이에 한 번밖에 잠이 깨지 않았을 정도로 기온은 차지 않았다. 섭씨 영하 10도밖에 안 되는 듯했다.

어젯밤 우리가 자던 곳의 약 5m 오른쪽으로 몇 초에 한 번씩 바위를 타고 똑똑 떨어지는 물방울 밑에 놓아두었던 코펠에 물이 거의 가득 찬 채로 얼어 있었다. 그 얼음을 녹이고 끓여서 사레와의 인스턴트 쇠고기와 코코아 봉지에 부어 아침식사를 했다. 눈을 녹여 물을 만드는 것보다 훨씬 시간을 절약할 수 있었다.

자기 전에 갈아 신은 마른 양말을 아끼기 위해 다시 젖은 양말을 신은 선우와 정원이는 발이 시렵다고 출발을 재촉했다.

6시, 비박지 왼쪽의 제1설원으로 나와 40m의 빙벽을 프론트 포인팅*으로 오르던 중 밴드를 잘못 맨 아이젠이 벗겨져 발에 걸렸다. 재빨리 워트훅을 쳐박고 매달려서 다시 신으며 아이젠이 떨어지지 않은 것을 신에게 감사했다.

빙벽의 경사는 55도 내지 60도 정도였고 40m를 직상하니 기존 하켄이 두 개 보였다. 그 후 15m를 오른쪽으로 트래버스하여, 아이스 호스 왼쪽 15m 정도에 쳐져 있는 고정 자일 하단의 기존 하켄에 도달하여 확보했다. 아이스 호스는 제1설원과 제2설원을 연결하는 30m 정도의 빙벽으로서 제2설원을 통과하는 대부분의 눈사태와 낙석이 이곳을 거쳐 제1설원으로 떨어지기 때문에 아침에 기온이 낮을 때만 비교적 오르기 쉽고 조금만 기온이 올라가면 제2설원에서부터 눈 녹은 물이 계속 쏟아져 내려 얼음물로 옷과 몸을 완전히 적셔야만 통과할 수 있다는 곳이었다.

그러나 우리가 다다랐을 때에는 이른 아침인데도 불구하고 얼음은 곧 무너져 내릴 듯이 건성으로 걸려 있고 물이 폭포처럼 쏟아져 내리고 있지 않은가! 할 수 없이 왼쪽의 고정 자일이 있는 90도의 직벽을 상태 좋은 홀드를 이용해서 15m 오르고 후등자의 유마링을 위해 자일을 고정시켰다— 우리의 등반 방식은 체력 소모를 줄이고 속도를 높이기 위해 톱인 내가 비교적 가볍

---

*프론트 포인팅 Front Pointing: 가파른 빙벽을 오를 때 양손에 피켈, 아이스 해머 등의 용구로 얼음을 찍고 양발을 아이젠의 앞 발톱을 이용, 얼음을 찍어서 딛고 오르는 방식.

제1설원과 제2설원을 연결하는 30미터 빙벽인 아이스 호스의 왼쪽 직벽을 유마링하는 남선우.

게 지고 올라가 자일을 고정시키면 세컨드인 선우가 유마르로 내가 있는 곳까지 올라오고, 다시 나는 출발하여 올라가고, 그동안에 라스트인 정원이가 장비를 회수하면서 역시 유마르로 올라오는 것이었는데 북벽을 끝낼 때까지 우리는 거의 이 방식으로 등반했다.

그리고 제2설원의 꼬리 부분을 간간이 얼음이 깔려 있는 왼쪽의 바위로 오르며 기존 하켄을 지나 볼트와 하켄이 하나씩 박혀 있는 곳까지 20m를 올라 다시 피치*를 끊었다.

오른쪽의 제2설원 꼬리 부분의 얼음으로 진입하기 위해 기존 하켄에 자일을 걸고 진자* 트래버스를 시도하다가 오른쪽 아이젠이 또 벗겨지고 말았다. 바위 위에서 아이젠을 신은 채로 진자를 하려니 아이젠의 발톱에 옆 방향으로 힘이 너무 많이 들어가는 이유도 있었지만 주원인은 내가 아이젠 밴드를 잘못 만든 데 있었다.

내가 워낙 손재주가 없는지라 베이스 캠프에서 두 사람의 조롱을 받아가며 온종일 씨름한 끝에 만든 것이 고작 이것밖에 되지 못했다. 어쨌든 벗겨진 아이젠이 북벽의 밑까지 떨어지지 않고 발 끝에 걸린 것을 신에게 감사하며 묶었다.

*피치 : 보통 자일의 길이인 40m 정도마다 전진을 멈추어 후등자가 올라오기를 기다렸다가 모이면 다시 톱이 오르기 시작한다. 이 한 구간을 피치라고 한다.
*진자: 등반 중에 시계추와 같이 수평 이동하는 것.

그리고는 제2설원의 꼬리 부분에 진입하여 30m를 아이스 클라이밍으로 직상한 후 얼음 중간에 돌출된 바위에 박혀 있던 기존 하켄에 자일을 고정시켰다. 45m의 피치였다.

  10시 30분, 높이 125m의 제2설원을 시작, 세 피치로 나누어 스나그나 위트훅을 치면서 직상하여 다시 나타난 바위에 하켄을 때려 박고 확보하자 시간은 정오를 지나 있었다.

  오후가 되면 정상 부분을 비추는 해가 돌 덩어리들을 꽉 잡고 있던 얼음을 녹여 그 돌 덩어리들을 떨어뜨림으로써 북벽 전체가 마치 대포가 떨어지는 전쟁터를 방불케 한다. 특히 제1설원, 제2설원, 제3설원(Third Ice Field)과 거미(Spider) 그리고 플랫아이언(Flatiron)을 통과한다는 것은 자살 행위와도 같다.

  우리는 제2설원을 비스듬히 가로질러 플랫아이언 쪽으로 대각선으로 오르지 않고 그대로 직상하였다가 낙석의 사정 거리에서 벗어난 상단부를 왼쪽으로 트래버스하는 방식으로 돌아감으로써 낙석에 노출되는 시간을 최대한 줄이려고 했다. 그럼에도 불구하고 헬멧은 물론 머리통까지 산산조각으로 부숴버릴 큰 낙석들이 우리 가까이로 몇 번인가 떨어졌다.

  올라오고 있는 선우 대장을 기다리다가 우연히 아이젠을 내려다본 나는 깜짝 놀랐다. 5년째 쓰고 있는 샤르레 모제* 14치

---

* 샤르레 모제 Charlet Moser : 프랑스의 등산 장비 메이커.

아이스 호스 상단을 등반 중인 남선우.

위에 매달려 있는 내 모습이 보인다.

(발톱이 14개 있는) 아이젠 앞부분의 밴드 매는 고리가 벌어져 있는 게 아닌가! 난감해하고 있는 나에게 선우가 구리철사를 꺼내주었다. 떠나는 날 움막 근처에서 우연히 주워 별 생각 없이 윈드 재킷의 주머니에 넣어두었던 것이라고 했다.

  철사로 고리를 만들어 링 대신에 끼워넣으며 나는 자꾸만 속썩이는 아이젠에 대해 불평하는 대신에 역시 미묘한 밸런스를 요하는 순간에 고리가 떨어져 나가지 않았음을 누군가에게 감사했다.

끝없는 낙석

오후 1시 15분, 주머니에 넣어두었던 간식을 조금 꺼내 먹고는 왼쪽으로 트래버스하기 시작했다. 이번 등반의 간식은(중식은 아예 생략) 각자 나누어 필요할 때 알아서 꺼내 먹기로 했는데 색에 넣어두면 벗었다가 다시 메고 하는 게 귀찮아 아예 먹지도 않았던 어제의 경험에 비추어 오늘은 미리 하루치를 주머니에 넣고 수시로 집어먹기로 했던 것이다. 그러나 막상 정오를 지나 배가 고파야 간식 생각이 날 정도로 우리는 아이거의 거대함에 질려 빨리 가야 한다는 마음뿐, 다른 것은 생각조차 하지 못했다.

오후로 접어들자 기온이 높아져 설벽은 킥 스텝*으로 발의 반 내지는 전부를 박으며 쉽게 트래버스를 할 수 있었다. 그러나 두껍게 쌓인 눈에 기존 하켄들이 묻혀버렸고 하켄을 치기 적당

*킥 스텝Kick-Step: 경사가 완만한 설면을 등산화의 앞부리에 힘을 주어 발로 차면서 오르는 등반 방식.

제2설원을 직상하여
왼쪽으로 트래버스하고
있는 나와 확보 중인 남선우.

한 바위의 균열들이 보이지 않아 위험하지만 보통 중간의 러닝빌레이 없이 40m씩 계속 전진했다.

3시 15분, 길이 120m의 설벽을 세 피치로 나누어 왼쪽으로 트래버스를 끝내고, 플랫아이언으로부터 약 40m 못 미치는 지점에서 위쪽으로 넘어설 루트를 살폈다. 20m의 어려운 크랙을 오르고—왼손으로 잡은 돌이 빠지면서 다른 홀드를 잡은 오른쪽 손등을 내리찍어도 몸의 균형이 깨질까 봐 비명도 못 지른 채—40m의 빙벽을 똑바로 위로 올라 박혀 있는 기존 하켄에 확보를 하였다. 난이도는 5급 정도 되는 듯했다.

등반의 난이도에 따라 코스의 등급을 매기는 방법은 여러 가지가 있지만 세계 유수 산악단체가 모여서 만든 국제산악연맹(UIAA)이 사용하는 것은 1920년에 독일의 뛰어난 등반가였던 빌로 벨첸바흐*가 고안한 등급 체계로서 코스의 길이, 어려움, 소요되는 힘의 정도, 객관적 위험 상태 등을 감안하여 코스의 난이 등급을 다음과 같이 1급에서 6급으로 나눴다.

1급 : 하이킹 코스.
2급 : 간간이 양손으로 균형을 잡아야 하는 부분이 있다.
3급 : 안전한 자기 확보와 자일을 필요로 한다.
4급 : 첨예적 클라이밍의 시초로서 평상시의 트레이닝과 좋은 기술이 필요하다.
5급 : 안전한 지점이나 하켄 등을 통해 절대적인 확보하에 많은 힘, 정비된 기술, 인내, 경험이 필요하다.
6급 : 우수한 균형 감각과 매우 큰 힘과 용기가 필요하다.

---

*빌로 벨첸바흐 : 1900년 뮌헨 태생. 당대 최고로 인정되는 빙벽 등반 기술로 알프스의 무수한 어려운 루트를 올랐으나 1934년 낭가파르밧의 캠프7에서 사망했다.

죽음의 비박

숨을 돌리고 정신을 가다듬어 보니 코스의 방향이 약간 빗나간 것을 알았다. 죽음의 비박을 가려면 20m의 크랙을 오른 후 왼쪽으로 비스듬히 80m를 플랫아이언 위로 전진해야 하지만, 우리가 선 곳은 거미의 하단부에서 떨어지는 낙석과 눈사태의 통로인 꿀르와르, 즉 존 할린 직등루트*의 한 부분으로 낙석이 될 만한 모든 돌들이 얼어붙어 있는 겨울에만 등반이 가능한 곳이다. 왼쪽의 꿀르와르로 낙석과 눈사태가 끊임없이 떨어지고 있었다. 선우가 올라오는 동안 가만히 시간을 재어보니 낙석과 눈사태가 약 1분의 주기로 내려오는 것을 알았다. 주기 중간에 맞춰 재빠르게 10m 정도를 진자로 내려가며 꿀르와르를 통과했다. 그리고 왼쪽 수평 방향을 향해 킥 스텝으로 트래

---

*존 할린 직등루트: 1966년 미국인 존 할린을 대장으로 하는 영·미 합동 등반대와 독일 등반대가 협력하여 오른 아이거 북벽의 동계 직등루트이다. 중앙 필라를 유마르로 오르다가 자일이 끊어져 추락사한 그를 추모하여 루트가 명명되었다.

버스해 가서는 8시 45분에 죽음의 비박에 도달했다. 35분 후엔 라스트인 정원이까지 모두 모일 수 있었다.

위에 오버행 바위가 있기 때문에 낙석을 맞을 염려가 전혀 없는 경사진 좁은 테라스인 죽음의 비박의 바닥에는 얼음이 두껍게 깔려 있었다. 얼음을 피켈로 깎아내어 비박할 자리를 만들며 선우는 클라이네 샤이데크의 영배 형과 교신을 했다.

홀수 시간마다 교신하기로 했으나 하루 종일 우리의 응답이 없자 걱정했던 영배 형은 내일 아침에는 헬리콥터로 수색을 요청하려고 했었다며 반가워했다. 애초에 계획한 대로 고도를 따내지 못했던 우리들은 트랜시버를 색에서 꺼낼 정신적 시간적 여유가 없었던 것이다.

내일도 모레도 날씨는 계속 맑을 것이라는 일기 예보다. 현재까지 우리의 운은 좋은 편이었다. 일기 변화가 무쌍한 아이거 북벽에서 3일간이나 연달아 좋은 날씨를 만났다는 것은 건호 형과 동규의 혼이 우리 주위를 맴돌며 돌봐주고 있다고 믿을 수밖에 없었다.

오버행의 위쪽에서 떨어지는 물을 받아서 알파미와 청국장을 만들어 먹고는 두 군데 얼음을 깎아낸 좁고 경사진 곳에 각자 취침에 필요한 것들을 깔았다. 그래 봤자 나는 고작 손바닥만 한 매트리스와 배낭을 까는 것이었고, 선우와 정원이도 특별히 더 따뜻하게 잘 만한 것은 없었다.

영배 형과 두번째 교신할 때 그가 클라이네 샤이데크의 호텔 창문에서 우리 쪽을 향해서 깜박거린 플래시 불빛이 선명하게 보였고, 그 또한 우리의 헤드랜턴 불빛이 잘 보인다고 했다. 그리고 그가 우리 아래쪽 제비의 집쯤에서 다른 팀이 비박하고 있는지 불빛이 보인다고 말했을 때, 우리는 마치 절해고도에서 친구를 만난 것처럼 위안이 되었다. 새벽 2시쯤 잠에서 깬 선우도 또 다른 팀의 불빛이 북벽 최하단의 설계를 올라오는 것을 보았다고 했다.

수시로 잠이 깨어 눈을 뜰 때마다 밤하늘에는 내일도 맑을 것을 약속하는 듯한 별들이 무수히 빛나고 있었다.

북벽의 아침은 햇살과 함께 오지 않는다

다음날도 역시 날씨는 맑았다. 북벽의 아침은 햇살과 함께 오지 않는다. 먼 발치의 클라이네 샤이데크가 빨갛게 밝아오며 시작하는 것이다. 사례와의 인스턴트 쇠고기 수프로 아침식사를 하고 출발 준비를 서둘렀다. 어제 제2설원을 계속 쳐올라오느라 새 비브람까지 젖어 양말을 갈아 신고 자지 않을 수 없었으나 다시 젖은 양말로 갈아 신는다는 게 끔찍하게 생각되어 마지막 남은 마른 양말 위에 언 비브람을 신었다. 땀으로 젖었는지 눈이 스며들어 젖었는지 몰라도 역시 플라스틱 이중화*가 가장 나을 거라는 게 세 사람의 공통된 생각이었다.

7시 20분, 비박지의 끝에 쳐져 있는 하켄에 자일을 걸고는 5m를 내려와 진자로 왼쪽으로 트래버스를 시작했다. 보통 눈이 덮여 있지 않은 바위인 이곳을 트래버스하는 것은 등급이 6급으로

*플라스틱 이중화 : 방한을 위해 안에 내피신발을 넣어 이중구조로 만든 등산화.

제3설원 위쪽을 트래버스하고 있는 남선우.

확보 중인 나의 왼쪽으로 람프 초입이 보인다.

매겨질 정도로 어려운 부분인데 대개의 팀들은 20m 가량 계속 더 내려가면 밟을 수 있는 제3설원을 통과하여 '람프(Ramp)'로 올라붙는다고 했다. 지금은 그렇게 돌아가지 않아도 될 만큼 눈이 많이 쌓여 별 어려움 없이 두 피치로 나누어 65도 경사의 설벽을 프론트 포인팅으로 트래버스했다.

이 지점에서 우리는 람프가 과연 어느 것인가에 대해 잠시 왈가왈부했다. 죽음의 비박에서 왼쪽으로 60m에서 시작되는 큰

133

꿀르와르가 람프의 초입이라고 믿고 있었지만 만에 하나 결정적인 실수를 방지하기 위해 멀리서 북벽을 바라보고 있을 클라이네 샤이데크의 영배 형에게 물어보고자 무전기를 꺼낸 선우는 비명을 지르고 말았다.

무전기 안에 들어 있어야 할 여덟 개의 건전지 중 두 개밖에 없지 않은가!

어제 교신을 끝내고 걸어두었을 때 뚜껑이 열려 떨어진 것이 틀림없었다. 내 헤드랜턴에 들어 있던 건전지 네 개를 더 집어넣어 여섯 개로 작동을 하려 했으나 실패했다.

끈적한 삶의 욕망

우리는 북벽에서 고립되고 만 것이다. 이 북벽의 한 구석에서 어떤 불행한 사고로 인해 우리 모두 움직일 수 없게 된다면, 1957년 신들의 트래버스 위쪽에서 부상을 입고 며칠간 자일에 매달려 있다가 추위와 굶주림으로 비참하게 죽어간 이탈리아의 스테파노 롱히와 같은 운명이 되는 것이 아닌가? 그의 시체는 2년 동안 얼어붙은 채 자일에 대롱거리며 매달려 있었다. 구조대(실은 시체 회수대)의 필사적인 노력에 의해 북벽에서 풀려나기까지 겉으로는 동정하는 척하면서 잔혹한 장면을 즐기는 수많은 관광객들의 망원경 속에서 눈요기 거리가 되어야 했던 것이다.

장시간의 루트 파인딩*으로 왼쪽의 거대한 꿀르와르 초입에 걸려 있는 빨간 슬링 하나를 발견했다. 역시 짐작한 대로 저 꿀

---

*루트 파인딩 Route Finding : 앞으로의 등반 루트를 살펴보는 것.

람프 하단부를 등반하고 있다.

르와르가 '람프구나' 하는 확신과 함께 왼쪽으로 경사진 설사면을 트래버스하여 람프에 접어들어 계속 오르기 시작했다.

두 가지의 가능한 실수를 예상할 수 있었다. 첫째는 람프인 줄 알고 쳐올라갔는데 거미에서 직하(直下)하는 꿀르와르로 판명이 났다면 그때쯤에는 벌써 악명 높은 심한 낙석에 누군가의 머리가 부서졌을 테고, 둘째는 이것이 라우퍼 능*으로 빠지는 거대한 침니*로 판명이 났다면 그때쯤이면 이미 기력을 상실하여 북벽을 포기하고 라우퍼 능이나 끝내자는 끈적끈적한 삶에 대한 욕망을 따를지도 모르는 일이었다.

어쨌든 이 꿀르와르의 왼쪽 밑으로 거대한 침니가 또 있는 것으로 보아 그곳이 라우퍼 능으로 향하는 길임이 확실하나, 문제는 거미로 쳐오르는 동계 존 할린 직등루트만은 아니어야 했다.

세계적으로 유명한 국제등산학교(스위스 레이진 소재)의 설립자로도 알려진 존 할린은 1934년 미국 태생으로 아이거 북벽 직등루트를 내겠다는 꿈을 오랫동안 꾸어왔다. 그는 이 꿈을 이루기 위해 열 번도 넘게 아이거를 방문하고(1962년 노멀 루트로 등

---

*라우퍼 능: 1932년 스위스 등산가 한스 라우퍼와 알프레드 쥐르허가 두 명의 가이드를 고용하여 초등한 아이거의 북동릉 루트.
*침니 Chimney: 암벽면에 수직으로 갈라진 굴뚝 모양의 틈으로 크랙보다는 넓고 걸리 Gully보다는 좁은 것을 말한다.

정), 헬리콥터를 전세 내어 예정 루트를 자세하게 촬영했으며, 최고의 등반가들을 동료로 선택할 줄 아는 리더의 자질까지 갖춘 등반가였다. 당시 톰 프로스트와 로열 로빈스 등과 어깨를 견줄 만큼 뛰어난 록 클라이머였던 레이튼 코어에게 암벽 등반을 맡기고, 빙벽 등반은 그랑드 조라스 북벽을 등반할 때 놀라운 기술을 보여준 듀걸 해스턴에게 맡겼다. 그리고 유명한 등반가이자 사진사이며 작가이기도 한 크리스 보닝턴이 지원을 맡았을 정도니, 그는 참으로 호화스러운 배역들을 거느릴 만한 리더감이었다.

얼음 위에 매달린 빨간 시체

　　　　　그 흔해빠진 북벽의 그림엽서 한 장 가지고 오지 않은 것을 후회했다. 아이거를 머릿속에 두고 훈련을 시작한 지난 봄부터 나는 여러 방향에서 찍은 열댓 장의 아이거 북벽 사진을 방안 곳곳에 붙여놓고는 눈길을 어느 방향으로 돌려도 북벽이 보이도록 하여 눈에 익혀왔었다. 베이스 캠프에서도 구름이 조금만 걷히면 망원경으로 구석구석 살피는 게 일이었으나, 경사가 선 벽 안으로 들어온 지금, 보이는 것이라고는 바로 눈앞의 한 부분일 뿐 우리가 전체에서 어느 지점에 있는지를 명확하게 모를 때가 생기리라는 것은 미처 상상하지 못했다.

　주사위는 이미 던져졌고 우리는 전진하지 않을 수 없었다. 이윽고 점점 더 자주 눈에 띄기 시작하는 기존 하켄들과 슬링들을 보고 우리는 이 거대한 꿀르와르가 바로 '람프'임을 확인하고는 안심했다.

　북벽의 중간쯤 높이에 위치한 람프는 60도 경사로 오른쪽 아래에서 왼쪽 위의 방향으로 갈라진 큰 꿀르와르이다. 밑에서 망원경으로 볼 때는 쉽고 편편한 자리가 많을 거라고 생각했으나 두 명이 한꺼번에 서서 허리를 펴고 쉴 만한 데도 거의 없었다. 또한 질이 좋지 않은 역층의 푸석 바위들이라 중간의 러닝 빌레이용 하켄을 칠 데가 마땅치 않았으나 보통 40m씩 피치를 끝내면 주위 어디엔가는 예외 없이 하켄이나 볼트 등이 박혀 있었다.

눈 덮인 꿀르와르인 람프 제1피치와, 지저분한(오르기 위해 여러 가지로 자세를 바꿔야 하지만 그렇다고 어렵지는 않은) 크랙과 침니가 뒤섞인 2, 3피치를 올라서, 꿀르와르 양옆으로 박혀 있는 큰 볼트로 잡고 팔을 꺾어(홀드를 당겨서 몸을 끌어올리고 그 홀드를 팔로 짚고) 올라서면서 위를 쳐다본 순간 온몸의 피가 얼어붙는 듯한 충격을 받았다.

20m쯤 위에 빨간 우모복을 입은 사람이 얼음 위에 얼어붙은 채로 죽어 있는 것이 아닌가! 순간적인 공포감으로 눈을 뗄 수조차 없었다. 어찌할 것인가? 지나쳐서 올라가는 수밖에…….

한 스텝 한 스텝 오르면서 나는 무서워할 필요가 없다고 생각했다. 그 역시 우리와 마찬가지로 북벽을 오르다가 비참하게 죽은 클라이머이며 어쩌면 우리의 장래 모습에 지나지 않을지도 몰랐다.

그러나 점차 가까워지면서 그것이 단지 버려진 빨간 슬리핑백이었음을 확인하고서는 애써 그렇게 생각할 필요도 없어졌다. 곧 이어 유마링으로 오르던 선우가 무엇이냐고 공포에 젖은 목소리로 물어왔을 때 나는 간단하게 "사람!"이라고 대답하여 그가 받을 쇼크를 즐겼다.

이런 조그만 사건을 만듦으로써 벽의 크기에 비해 진행 속도가 너무도 늦어 경직되고 초조해지는 분위기를 약간은 풀어보려는 의도가 있었지만, 그는 상당한 충격을 받은 듯 다시는 그 쪽으로 눈을 돌리지 않았다.

제5피치는 고정 자일을 따라 왼쪽으로 3m 정도를 트래버스 하였다가 15m 정도의 빙벽을 올라 고정 자일이 끝나는 지점에서 85도 경사의 5m 직벽을 꺾어 올라 기존 하켄이 두 개 박혀 있는 테라스에 서기까지이다.

이곳은 위에서 떨어지는 낙석과 물방울로부터 완전히 보호받는 오버행 밑으로, 람프 전체를 통틀어서 제일 넓은 장소라지만 두 명이 앉아서 비박하기에도 좁아 보였다.

유혹

오른쪽의 오버행 꼭대기로 이어진 하켄들을 보고 그쪽이 바로 6급의 테레이 변형(Terray Variation) 루트임을 알았다. 오버행의 제일 위쪽 허공에서 꽤나 고도감 나게 건들거리고 있는 슬링들이 클라이밍에의 묘한 유혹을 하고 있었다. 오버행에 매달려 넘어가고 있는 35년 전의 철인(鐵人) 리오넬 테레이를 눈앞에 보는 듯했다. 그 또한 1965년 9월 비교적 쉽다고 알려진 벨코스(Vercors) 석회암벽을 등반하던 중 파트너와 함께 100m를 추락하여 그리 길지도 않은 인생을 더 일찍 앞당기고 말았다.

그러니 우리 같은 클라이머들은 도대체 얼마나 바쁘게 살아야 한단 말인가? 세계 여기저기에 널려 있는 무수한 명봉들을 단지 구경만 하며 곱게 살아도 길게 잡은 목숨 70년이 바쁘기만 한데, 산을 고작 몇 년 오를라치면 덜커덕 죽어버리는 것을 보면 황당해하지 않을 수 없다. 나도 언제 죽을지 모르는 목숨, 죽기 전에 부지런히 하나라도 더 올라가야지 하고 마음을 조급하게 먹으며, 이 산 저 산 손꼽아 보노라면 갑자기 서글퍼지는 때가 한두 번이 아니었다. 고작 몇 개도 못 올라볼 것 같으니 말이다.

다음의 피치는 40m의 '워터폴 크랙(Waterfall Crack)'이다. 방금 오른 5m의 직벽을 진자로 하강하여 왼쪽으로 접어드니 하켄 하나가 얼음에 숨어 있다가 간신히 모습을 드러냈다. 자일을 통과하고 5m의 빙벽을 올라 워터폴 크랙의 시작인 침니로 기어들어가니 이름 그대로 폭포같이 물이 떨어지고 있었다. 침니 중간에는 두 개의 하켄이 더 박혀 있었으나 오버행을 넘어 크랙으로 들어가야 하는, 결정적으로 어려운 부분에는 아무것도 없고 더욱이 하켄을 박을 만한 조그만 틈새조차 보이지 않았다.

그린델발트의 슈퍼마켓에서 구입한 설거지용 고무장갑이 그 동안의 눈과 얼음이 섞인 등반에서는 물이 소매 속으로 들어가는 것을 막아주는 역할을 했다. 그런데 눈 녹은 물이 폭포처럼 쏟아지는 이곳에서는 당할 재간이 없었던지 금세 온몸이 젖어 버렸다. 손을 들어 홀드를 잡으면 물은 고무장갑 위를 흘러 윈드 재킷의 바깥 겨드랑이까지 따라 내려갔다가 그 홀드를 누르고 몸을 위로 올리면 이번에는 거꾸로 흘러 고무장갑 안으로 들어갔다. 다시 홀드를 잡기 위해 팔을 올리면 물이 윈드 재킷의 안쪽을 따라 겨드랑이를 거쳐 내려가 팬티를 적시고 결국 완전 방수인 비브람 안에서 새어나오지도 못하고 찰랑거렸다.

'워터폴 크랙'을 올라서서

온몸을 적신 채

간식을 꺼내고 있다.

무척 괴로운 순간이었다. 잡아야 하는 홀드에는 죄다 얼음이 두껍게 얼어 있고 오버행의 침니에는 스탠스라고는 없었다. 뼛속까지 시리도록 찬, 눈 녹은 물이 쏟아지는 폭포 속을 아이젠을 신은 채 허공을 긁으며 침니 자세로 비비적대며 오르는 일은 두번 다시 하고 싶지 않았다.

침니의 마지막 부분에 있는 얕은 리스*에 블레이드형 하켄을 끝만 살짝 걸치게 때려 박은 후, 딛고 올라서서 손에 닿는 기존 하켄에 자일을 통과시키고 오버행 위의 크랙에 차 있는 눈에 아이젠의 앞 발톱을 꽂아 박았다. 그리고는 10m 가량을 올라 양쪽 벽에 볼트가 하나씩 박혀 있는 얼음 테라스에 설 수 있었다.

왼쪽의 제7피치인 가파른 빙벽이 위를 향해 뻗어 있었다. 이름이 '아이스 벌지(Ice Bulge)'인 이 피치의 끝부분에는 5m 가량의 오버행 빙벽이 툭 불거져 나와 있어 등반의 난이도를 높이지만 도저히 못 올라갈 정도는 아니었다.

그러나 1938년도 북벽이 초등될 때 줄곧 톱에 서서 올랐던 당대의 뛰어난 등반가였던 안데를 헤크마이어조차도 두 번 추락하고 난 뒤에야 간신히 올라설 수 있었던 것으로 미루어 결코 만만하게 보아서는 안 되었다. 그는 모든 루트에서 여기가 가장 어려운 부분이었노라고 술회한 바 있다.

*리스Riss : 미세한 바위 틈새.

헤크마이어, 그에게 남다른 친근감을 가진 것은 그의 화려한 산행 경력보다도 그의 일상 생활을 책에서 읽고 난 후였다. 1906년 뮌헨에서 태어나 고아로 자란 그는 한때 뮌헨 시청의 정원사로 일하며 일요일에는 곤란하기 짝이 없는 6급의 등반을 하나씩 해치우며 등반 중 사고를 당한 클라이머들을 구조하기도 했다. 그리고는 집까지 먼 거리를 자전거로 돌아와야 했으므로 피로가 겹쳐 월요일과 화요일은 열심히 일할 수가 없었다. 또 수요일에는 대개 일요일에 사고를 당한 사람의 장례식에 참석하느라 직장을 쉬는 일이 많았고, 목요일과 금요일은 다가오는 일요일의 새로운 6급 등반을 위해 힘을 저축하느라 역시 일에 몰두할 수가 없었으니 결국 직장에서 쫓겨난 것은 전혀 이상한 일이 아니었다.

이렇듯 일주일 내내 산이 지배하는 생활은 내 주변에서도 흔히 볼 수 있는 일이었으므로 나는 그에 대한 외경심보다는 친구 같은 친근감을 느꼈다.

람프를 벗어나다

빙벽의 오른쪽 바위에 박혀 있던 기존 하켄과 새로 박은 워트훅에 자일을 통과시키고 오버행의 밑에까지 올라 고개를 들어 올려다보니 오버행 부분의 얼음 상태가 형편없었다. 기온이 올라가서인지 오버행에 붙어 있던 얼음이 거의 녹아 군데군데 바위를 드러내보이고 있었으며 피켈로 치면 모두 무너져버릴 듯이 위태위태하게 걸려 있었다. 딴 길을 찾을 수밖에 없는 듯했다.

왼쪽으로 진행하여 바위로 진입하면 기존 하켄들이 박혀 있는 4급의 쉬운 크랙을 따라 오를 수도 있다고 하나 오버행의 오른쪽으로 몸이 간신히 빠져나갈 수 있을 정도의 아이스 침니*가 눈에 띄었다. 굳이 헤크마이어가 올라갔던 것보다 쉬운 길로 가고 싶지는 않았다.

*아이스 침니Ice Chimney: 빙벽에 생긴 굴뚝 모양의 틈새.

아이스 침니는 너무 좁아서 피켈과 아이스 해머를 휘두를 공간은 물론 발을 들어 아이젠을 쳐박을 공간조차 없을 정도였으나 도봉산 선인봉 '선인A' 코스 중간에 박혀 있는 촉 스톤* 밑의 좁은 침니를 기어오르던 생각을 하며 몸을 비비 꼬며 억지로 올라갔다.

침니 위에는 제법 두 발바닥 전체를 붙이고 설 수 있는 얼음 스탠스가 있었고 그 옆으로는 기존 하켄들이 세 개나 박혀 있었다.

람프에서의 마지막 부분은 제8피치인 '람프 설원(Ramp Ice Field)'으로서 60도 정도 경사의 빙벽이었다. 낙석이 덜 떨어지는 오른쪽으로 붙어서 약 45m를 프론트 포인팅으로 전진하여 오른쪽으로 솟아오른 '브리틀 레지(Brittle Ledge)'에 올라섰다.

드디어 낙석과 물방울로 음울하기 짝이 없는 람프를 벗어난 것이다.

브리틀 레지는 거대한 오버행 밑으로 서너 개의 기존 볼트와 하켄 사이로 7mm 굵기의 고정 자일이 쳐져 있는, 약간은 편편한, 그래 봤자 겨우 엉덩이 하나 붙이고 앉을 만한 테라스였다.

시간은 벌써 오후 7시 10분을 넘어서고 있었다.

오른쪽으로 고정 자일이 군데군데 눈에 파묻혀 얼어 있는 설벽을 따라 20m를 트래버스하여 기존 하켄이 네 개나 박혀 있는

*촉 스톤Chock Stone : 크랙이나 침니 사이에 쐐기처럼 낀 암석 덩어리.

브리틀 크랙 시작 부분의 오버행을 넘어서 오르고 있다.
그 아래로 확보 중인 남선우의 모습이 보인다.

곳에 서자 고정 자일은 끝이 나고 위로 경사가 심하게 선 크랙 밑이었다. 이 크랙의 이름은 브리틀 크랙(Brittle Crack). 크랙의 시작 부분인 오버행을 꺾어 올라가야 겨우 직벽이 시작되었다.

오버행 위로 바위에 붙어 있는 얼음의 제일 밑부분에 피켈과 아이스 해머를 힘 있게 박고는 아이젠을 허공에 긁어대며 몸을 끌어올려 피켈과 아이스 해머를 더 높이 찍으며 오버행 위로 올라섰다. 수직의 빙벽에 올라선 나는 나 자신에 대해, 아니 극단적인 순간에 평소의 능력을 훨씬 능가하는 힘을 발휘하는 인간의 잠재력에 대해 놀랐다. 오버행의 빙벽을 올라서는 것은 체력 좋은 서양인들이나 할 수 있다고 믿어왔던 나는 하루 종일 죽음의 공포 속에서 싸우다 보니 육체의 모든 신경과 정신력이 나를 위로 몰아붙이고 있음을 절실하게 느꼈다.

약 7m 가량을 90도 가까운 크랙 위로 얼어붙은 빙벽을 오르며 이곳 저곳을 살펴도 기존 하켄을 찾을 수 없었다. 갑자기 의구심이 솟구치기 시작했다. 이렇게 경사가 심한 곳에 하켄이 하나도 없다니? 혹시 엉뚱한 곳을 올라 움쭉달싹 못 하는 것은 아닐까? 한 번 코스에 대한 의심을 품자 갑자기 모든 불안이 몰려왔다.

적당하게 갈라진 틈을 찾아 하켄을 하나 치고는 도로 하강하여 설벽의 이쪽 저쪽 끝으로 오르락내리락거리며 세밀히 관찰했다. 그러나 위로는 바로 그 얼음 덮인 크랙밖에 없지 않은가!

아름다운 추락

선우가 내가 확보를 보는 곳으로 돌아와 잠시 망설였다. 내가 그 오버행을 다시 오를 힘이 과연 남아 있을까?

크랙의 첫 부분에 있는 오버행을 한 번 더 오를 자신이 없기도 하고 그 오버행에서 줄줄 떨어지는 물방울을 온몸으로 다시 맞아야 한다는 일이 악몽 같아, 오버행의 2m쯤에서 붙들고 올라설 홀드를 찾아서 잡았다. 그러나 팔을 구부리며 몸을 끌어올리는 순간 홀드는 빠져버리고 아득한 기분과 함께 나의 몸은 허공을 붕 떠서 5m 아래의 설벽으로 떨어져 빠른 속도로 미끄러져 내리다가 선우가 잡아채는 확보 줄에 정지했다.

내가 클라이밍을 예술이라고 굳게 믿기 시작한 것은 선인봉의 '요델 버트레스' 코스를 오르던 어느 후배의 떨어지는 모습을 보고 난 후였다. 어려운 자유 등반을 사뿐사뿐 해가던 그가 어느 순간 잡은 홀드를 놓치고 곡선을 그으며 떨어지던 모습은 죽어도 잊지 못할 아름다움의 극치였다.

"야! 멋있다. 한 번 더 떨어져봐라!"

내가 경탄하며 소리 지르자 원망에 가득 찬 말을 듣기는 했지만 한 인간이 모든 힘과 정열을 기울여 무엇인가에 몰두하는 모습은 그 자체가 바로 아름다움, 즉 예술이 아니고 무엇이겠는가!

아무데도 다친 데라고는 없었다. 그리 많이 떨어진 것도 아니었고. 떨어질 때 옆에 차고 있던 피켈에 찔리지 않은 것은 천만다행이었다.

등반 중 떨어져 어디 다친 데 없나 여기저기 더듬어볼 때는 포커게임을 할 때 카드를 한 장씩 펴보는 기분과 흡사하다. 얼얼한 채로 몸의 한 부분 한 부분 이상없음을 확인하며 지나갈 때는 혹시 피가 만져지지나 않을까, 부러진 것은 아닐까, 하나하나 손으로 더듬어가는 마음이 조마조마하다.

암울한 걱정의 빛을 띤 채로 확보 줄을 꽉 잡고 있던 선우가 서 있는 스타트 지점으로 다시 기어올라갔다. 한 명의 부상이나 죽음이 바로 전원의 몰사를 의미할 수도 있다는 자각이 항상 우리를 절박한 심정으로 만들었다.

이제는 그 오버행 진 빙벽을 다시 시도하는 수밖에 없었다. 온몸을 다시 적시며 전과 같은 방식으로 필사적으로 올라서서는 크랙을 덮은 수직의 얼음에 아이젠의 앞 발톱을 차 박았다. 피켈과 아이스 해머로 얼음을 찍거나 양옆의 바위에 튀어나온 홀드를 잡으며 오르는데 얼음 속에 얌전히 파묻혀 있는 하켄을 발견했다.

제 길을 가고 있다는 안도감이 마치 생(生)을 향한 비상구를 찾은 양, 아래를 향해 환호성을 질렀다.

"야! 여기 길이다!"

젠장, 이런 허공에 매달려서 길 찾았다고 좋아하다니, 저 위 하늘나라에서 누가 내려다보면 한심하다고 하겠지!

나에게 온 신경을 집중한 채 안타깝게 지켜보고 있던 세컨드와 라스트에게 내가 받은 안도감을 안겨주고 싶었다.

두 개의 기존 하켄을 더 지나 얼어붙은 크랙을 벗어나며 오른쪽의 돌출부로 올라섰다. 그리고는 고개를 문득 들어 오매불망 그리고 그리던 '신들의 트래버스'를 바라보며 찬찬히 밀려오는 기쁨을 느꼈다.

막혔던 시야가 확 트이며 신들의 트래버스 밑으로 비스듬히 막 어둠에 잠기려는 클라이네 샤이데크가 눈에 들어왔다. 호텔들의 불빛 중 유난히 이쪽을 향해 반짝이는 불빛이 보였다. 그렇다. 저것은 종일 무전기를 붙들고 "아이거 나와라, 아이거!" 하며 애타게 불러댔을 영배 형이 우리로부터 아무런 응답이 없자 호텔 옆의 언덕에 올라 우리 쪽을 향해 내내 플래시를 흔들어대고 있는 것임에 틀림없다. 검은 북벽의 어디쯤에서 반짝일지 모르는 우리의 불빛을 향해······.

대답 없는 선우

시간은 벌써 9시를 지나 점점 어두워지는데 예정된 비박지인 신들의 트래버스까지는 15m 정도나 더 올라가야 했다. 설상가상으로 아이젠 한 짝이 또 벗겨진 것이 아닌가! 그래도 덜 위태한 순간에 벗겨진 것을 다시 신에게 감사하며 블레이드형 하켄을 하나 쳐박고 아이젠 한 짝을 완전히 벗어서 색에 달았다.

지금 이 시각에 신들의 트래버스가 시작되는 지점에 있는 비박지까지 전원이 다 올라가는 일은 죽음을 자초하는 것인지도 모른다. 선우와 의논한 끝에 하켄을 하나 더 박고 크랙을 하강할 준비를 하면서도 내 머릿속은 어떻게 하면 저 아래 클라이네 샤이데크의 영배 형의 근심어린 불빛에 답해줄 수 있을까라는 생각으로 골몰했다. 그러나 아침에 무전기의 건전지를 보충시켜보기 위해 선우에게 넘겨주었던 플래시를 올려받는다는 것은 보통 시간이 걸리는 일이 아니었다. 그 불빛을 몇 번이나 내려다보다가 하강하기 시작했다.

우선 제일 위에 친 블레이드형 하켄과 그 위의 기존 하켄에 자일의 끝을 묶어 고정시켜놓았다. 그리고 젤프스트의 카라비너를 자일에 통과시키고 통과된 자일을 잡고 떨어질 듯이 내려가며 다음 하켄에 몸이 걸리도록 하고, 또 젤프스트와 카라비너를 그 하켄의 아래쪽 자일에 다시 통과시키고 다시 떨어지듯 내려가기를 반복하여 선우가 확보하고 있던 스타트 지점으로 되돌아왔다.

종일 눈 녹은 얼음물을 맞아 속 팬츠까지 다 젖었는 데다 체력이 많이 소모되어 하이포서미아* 증세가 서서히 찾아오는 것을 스스로도 느낄 수 있어서 더 조심하자고 다짐하면서도 그렇게 위험스럽게 하강을 하였다.

위에 확보한 자일을 몸에 걸고 하강하면서 혹시 위의 하켄이 빠져버려 저기 1,300m 아래 북벽 밑 설계까지 추락해 몸이 갈가리 찢겨지지나 않을까 우려했다. 그러나 내가 내려온 방식은 오히려 하켄에 충격을 심하게 주어 빠져버릴 위험성이 더 큰 것은 물론이고 중간에 통과된 네 개의 하켄을 지날 때 단 한 번의 실수로도 끝장이 날 만큼 죽음의 확률이 더 큰 것이었다.

*하이포서미아Hypothermia: 강한 바람과 눈, 비 등의 외부적인 상황과 지치고 허기진 등반자의 내부적인 요인에 의해 생기는 체온 저하 현상. 방치하면 의식 불명과 사망에 이른다.

어쨌거나 선우가 있는 지점에 서자 온몸이 심한 추위로 크게 떨려왔고 입에서는 말조차 잘 나오지 않았다. 전형적인 하이포서미아의 초기 증세였다.

수년 전 어느 봄날, 나를 무척이나 아끼던 선배가 빗속에서 나와 바위를 오르다가 하이포서미아로 운명을 달리했다. 그때 내가 판단을 좀더 잘 했더라면 그를 살렸을지도 모른다는 죄책감에 그의 몫까지 보태서 두 배의 산행을 하겠다고 떠들고 다녔는데 결국 여기 죽음의 벽 아이거에서 그와 똑같은 길을 가고야 마는구나 하는 생각이 들었다. 씁쓰레한 웃음을 지으려 했으나 입도 얼어서인지 일그러지고 그 생각도 곧 잊혀졌다.

20m의 설벽을 엉금엉금 기다시피하며 다시 트래버스하여 정원이가 비박 준비를 하며 기다리고 있던 브리틀 레지로 간신히 되돌아왔다. 선우도 내 뒤를 쫓아와 세 명이 모두 모였을 때에는 이미 밤 10시가 되었고 주위는 깜깜했다.

확보를 하자마자 우모복을 꺼내 입어도 여전히 몸이 떨렸다. 선우와 정원이가 펴주는 침낭에 스키바지를 입고 들어가자 침낭 커버를 덮어 씌워주었다. 그제야 몸이 약간씩 풀려오기 시작했다.

가장 좋은 비박자리(그래봤자 몸이 자꾸만 미끄러지는 경사에 고개도 들 수 없을 정도로 낮고 좁은 테라스였지만 그 부근에서는 가장 훌륭한 곳이었다)와 침낭, 스키바지, 침낭 커버 등을 양보한 선우와 정원이는 밤새 얼마나 추울까. 그리고 그 괴롭고 긴 밤을 앞에 두고 얼마나 마음이 불안할까. 그들의 극진한 간호에 눈물이 날 지경이지만 종일토록 먹은 물도 없는지라 눈물로 되어 나올 수분조차 부족했다.

정원이가 떠먹여주는 수프와 햄을 먹고 잠으로 떨어지려고 비몽사몽간을 헤매는데 "선우야!"라고 소리를 지르는 정원이의 목소리가 들려왔다.

잠시 아무 대답이 없다.

더욱 크게 선우를 부르는 목소리가 마치 절규하는 듯이 들렸다. 아주 길게 느껴지는 몇 초가 흐르자 불현듯 불길한 생각에 휩싸이기 시작했다. 선우가 좁은 테라스에서 왔다갔다 하던 중 확보가 잘못되어, 어둠 속 천 미터 아래 허공으로 미끄러져 사라져버리는 끔찍한 상상까지 했다.

침낭 밖으로 고개를 내밀 기력조차 없었던 나는 '참으로 멋진 친구를 또 하나 잃었구나! 앞으로 몇 년 동안 슬픔 속에서 지낼 일이 암담하긴 하지만 내일 생각하자. 지금 내가 할 수 있는 일이라고는 자는 것밖에 없다'라고 생각하고 있었다.

그때 앉아 있다가 깜박 빠져든 잠 속에서 깨어나는 듯한 선우의 '으응' 하는 신음 섞인 대답이 들려왔다. 그리고 나의 입에서는 '하느님 감사합니다' 하는 감격어린 중얼거림이 새어나오고 있었다.

 일찍이 산을 제외하고 어떤 종교도 믿어본 적이 없었던 나조차 그 어떤 절대자에게 감사를 드리고 싶은 심정이었다.

 친구의 죽음을 아주 쉽게 받아들이는 습성이 몸에 배는 애처로운 클라이머들 중의 하나가 되어버린 나 자신을 잠시 생각하다가 잠이 들었다.

첫 실수는 바로 마지막 실수

　　　　　침구도 없이 젖은 옷을 입은 채 좁은 자리에 걸터앉아 밤을 꼬박 새웠을 선우나 정원이에 비해서 참으로 호화스럽게 잤지만 밤새도록 계속 미끄러져 내려가는 몸을 위로 추스려 올리느라 고생했다.

　아침에 눈을 떴을 때는 몸을 묶은 자일이 팽팽해지도록 테라스 끝에 겨우 걸쳐 있었다.

　새벽 4시부터 식사준비를 시작한 선우와 정원이는 5시가 되어서야 나를 흔들어 깨웠다. 그들은 나를 한 시간이나 더 자도록 놔두었던 것이다.

　'아, 평생 못 잊을 나의 자일 파트너들이여!'

　8월 13일, 금요일 아침은 사례와의 인스턴트 쇠고기 수프가 전부였다. 원래 2박 3일의 식량만 준비하고 올라와 그 안에 못 끝내면 비상식도 없이 몸으로 때우기로 했는데 용케도 오늘 아침까지 식량을 끌어왔다. 이제 남은 식량이라고는 그 동안 별로 먹지 않아서 남은 간식 조금과 설탕 열 봉지, 코코아 서너 봉지가 전부였다.

산에 다니기 시작한 후 죽음의 문턱에까지 가는 위험한 순간에 처한 적이 많았지만 살아서 돌아가지 못할지도 모른다고 생각해본 적은 한 번도 없었다. 그러나 지금은 과연 우리가 이 벽을 살아서 나갈 수 있을까라는 스스로의 질문에 자신 있게 대답할 수가 없었다. 생에 대한 가능성이 불투명하다는 것은 얼마나 초조한 일인가!

첫번째의 실수가 바로 마지막 실수라고 하는 이 아이거 북벽에서는 비브람을 신고 벗는 것조차 목숨을 걸어야 한다. 그것은 등반 전의 철저한 계획이나 준비, 혹은 등반 중 완벽한 자일 처리나 어려운 부분을 떨어지지 않고 넘어가는 것에 못지 않게 중요하고 위험한 순간인 것이다.

만약 불편한 자리에서 엉거주춤한 자세로 얼어 있는 비브람에 발을 억지로 끼워넣다가 실수로 한 짝을 북벽의 저 밑으로 떨어뜨렸다 치자. 그는 적어도 동상으로 다리 하나가 잘려나가는 것은 물론이고 등반 속도가 떨어지므로 최악의 경우 그와 함께 철수하는 다른 대원의 목숨까지 내놓는 것을 의미할 수도 있다.

비브람을 한 짝씩 신을 때마다 "하느님, 제발 신발이 떨어지지 않도록 해주십시오"라고 중얼거리며 빌었다. 또 신발을 다 신고서는 "하느님, 감사합니다" 하고 중얼거린 것은 물론이다.

신들의 트래버스

　　　　7시, 다행히도 원기를 회복해서 계속 톱을 서기로 했다. 20m의 설벽을 오른쪽으로 트래버스하고, 어제 오버행의 크랙에 고정시켜놓은 자일에 유마르를 걸고 20m를 올라 하켄에서 자일을 풀어 젤프스트에 다시 묶었다. 15m를 프론트 포인팅으로 더 올라 앵글 하켄을 하나 박아 신들의 트래버스 밑의 직상 크랙을 끝냈다.

　여기가 보통 비박을 한다는 지점으로 알려져 있으나 눈이 워낙 많이 쌓여 있어서인지 주위를 둘러봐도 한 명이 앉기에도 적당한 데라고는 없었다. 어젯밤 무리해서 여기까지 올라오지 않은 것을 큰 다행으로 여기며 신들의 트래버스를 전진해나가기 시작했다.

　어째서 '신들의 트래버스'라는 이름이 붙었는지는 이곳에 서면 누구든지 고개를 끄덕이게 될 것이다. 고도감은 느껴지지만 북벽 아래로 어디 한 군데 시야가 막히지 않고 기막힌 전망이

신들의 트래버스를 오르면서
시린 손을 입으로 불고 있다.
북벽의 고도감 속에 탁 트인 시야가
장관을 이루어 그 이름을 실감케 한다.

펼쳐진다. 클라이네 샤이데크가 햇빛에 빛나고 알피글렌의 우리 움막이 개미만 하게 보였다.

너무나도 멀리 있는 베이스 캠프!

죽음의 한가운데에서 내려다보는 삶은 우리와는 영 무관하게 보였다.

트래버스 1피치를 삐올레 망셰*로 25m 전진하여 기존 하켄에

---

*삐올레 망셰Piolet Manche : 단단하지 않은 45도 이상의 설사면 등반 방식으로 피켈을 눈에다 두 손으로 깊이 박으며 오르는 것.

확보하고 2, 3피치 도합 50m를 트래버스하였다.

손이 너무 시려워 장갑을 벗고 언 손을 입으로 녹이는데 벗은 장갑 한 짝이 스르르 미끄러지더니 북벽 아래로 사라져갔다. 정원이의 것이었다.

눈이 많아서인지 중간에 있을 법한 기존 하켄이나 새로이 설치할 적당한 틈새가 보이지 않았다. 러닝 빌레이 없이 계속 트래버스하였으나 톱인 나나 라스트인 정원이는 혹시 실수하여 미끄러지기라도 한다면 상당한 높이를 시계추처럼 추락해야 하기 때문에 조심하지 않을 수 없었다. 하긴 톱인 나로서는 어디서 떨어지든지 중간 확보물을 지난 이후 올라간 거리의 두 배를 추락하는 부담을 내내 지고 다녀야 했다. 4피치째 35m는 무너지기 쉬운 돌무더기 스탠스에 눈이 살짝 덮여 있고 고도감은 한층 더해서 언제 뽑혀 나갈지 모르는 홀드가 더욱 불안했다. 중간의 기존 하켄 네 개를 통과하며 전진해 거미의 설원이 보이는 곳에 박혀 있는 기존 하켄 두 개에 확보했다.

이렇게 신들의 트래버스를 끝내고는 진자로 8m 가량을 내려와서 계속 오른쪽으로 10m를 트래버스하여 거미 하단 왼쪽 바위의 기존 하켄에 확보했다. 바로 오른쪽으로 이웃한 거미의 왼쪽 밑 꿀르와르로 낙석과 얼음이 계속 떨어지고 있었다.

거미줄에 걸린 세 마리의 하루살이

12시, 거미를 시작했다. 1938년 초등반대의 한 사람이었던 하인리히 하러가 쓴 북벽 등반기의 제목이 『하얀 거미』였던 것으로도 알 수 있듯이 이 부분은 아이거 북벽의 대명사로 쓰이고 있을 만큼 무시무시한 곳이다. 북벽의 3분의 2 가량 되는 높이에 위치한 120m 길이의 이 설원은 위쪽 3분의 1 부분의 바위로부터 떨어지는 대부분의 낙석이 무서운 속도로 내리꽂히는 곳으로 눈이라도 오게 되면 그 눈들이 합쳐져 거미의 설원을 쓸면서 아래쪽 꿀르와르로 모두 쏟아져 내려가는 모습은 흡사 먹이를 노리며 팔다리를 펼치고 있는 거미의 음흉한 모습을 연상케 한다.

60도 내지 65도 경사의 거미 설원을 40m씩 세 피치로 나누어 확보용으로 아이스 스크류나 워트훅을 치면서 프론트 포인팅으로 계속 올라갔다.

2피치째 20m 지점에서 아이스 스크류를 하나 치고 오르다 위를 보려고 고개를 드는 순간 소리의 속도보다 더 빨리 떨어지는 낙빙에 얼굴을 맞았다. 찢어진 입술에서 피가 뚝뚝 떨어져 얼음 위에 빨갛게 번졌다. 하지만 내가 이 자리에서 할 수 있는 일이라고는 올라가는 것밖에 더 있겠는가? 불과 한 뼘도 안 되는 옆을 스치고 떨어지는 낙빙과 낙석 중에는 머리보다 더 큰 바위 덩어리도 있으나, 언제 어디로 떨어질지 도저히 예측할 수 없는 우리는 그냥 운명에 맡기며 점차 무신경해져갔다. 아니, 그런 척했다. 여기서 낙석에 맞아죽는 것이 우리에게 주어진 운명이라면 따르는 수밖에 별 도리가 없지 않은가. 거미줄에 걸린 세 마

거미 설원. 왼쪽 깊이 파인 꿀르와르가 엑시트 크랙이다.

리의 하루살이가 거미줄을 벗어나려고 바둥대고 있었다.

"푸르르릇."

포탄은 공기를 가르며 우리 주위로 쉴 새 없이 떨어졌다.

유마르로 올라온 선우가 투덜댔다. 왜 그러냐고 물으니, 내가 톱으로 올라오는 사이에 정원이와 잠시 말다툼을 했다고 한다. 이유인즉, 선우가 유마르로 올라오는 동안 정원이는 스크류를 회수하는 등 준비를 하고 있다가 선우가 끝나자마자 출발하면 될 텐데, 정원이는 꼭 선우가 끝난 것을 보고서야 준비를 시작하니 시간이 훨씬 더 든다는 것이었다. 안전을 위해서는 그것이 당연하지 않느냐며 선우를 달랬지만 내심으로는 나도 정원이가 더욱 빨리 움직여주길 원했다. 다소 위험한 일이지만 조금이라도 빨리 이 벽에서 벗어나고 싶었고 그만큼 더 안전하리라 믿었다. 하여튼 우리는 거미 한 중간에서 말다툼할 만큼 초조하고 신경이 날카로워져 있었다.

1947년 이 벽을 오르는 데 두번째로 성공한 프랑스의 루이 라쉬날*과 리오넬 테레이는 오랜 기간 동안 같이 등반을 해온 훌륭한 파트너였지만 그들도 여기를 등반하던 중 언쟁을 벌인 바 있었다. 당시 테레이는 엑시트 크랙(Exit Cracks)의 어려운 부

---

*루이 라쉬날 : 1950년 모리스 에그조르와 같이 세계 최초로 8,000m급 봉우리인 안나푸르나 초등에 성공했다. 그 후 1956년 샤모니 근처에서 스키를 타던 중 크레바스에 빠져 사망했다.

아이거 북벽의 대명사이기도 한 거미의 상단부를 오르는 동안 남선우가 확보를 하고 있다.

분을 톱을 서서 전진하고 있었다. 보통 자일 한 동이 다 풀릴 만큼 전진하면 후등자가 신호를 해 전진을 멈추고 피치를 끊는 법인데 아무리 나아가도 자일이 다 되었다는 신호가 없었다. 테레이가 돌아다보았을 때, 라쉬날이 톱의 확보를 보지 않고 같이 연등하는 식으로 따라오다가 갑자기 확보를 보는 척하는 것을 발견했다. 그때부터 언쟁하기 시작한 그들은 정상을 거쳐 클라이네 샤이데크에 도착할 때까지 으르렁거렸다고 한다.

  3피치는 거미의 위편 왼쪽에서 두번째 앞발인 꿀르와르를 향해 비스듬히 전진하여, 그곳에 진입하기 바로 전의 오른쪽 바위에 도달할 때까지였다. 바위의 어느 부분에도 하켄이 박힐 만한 틈새는 없었다.

  5분이나 이리저리 찾아서 앵글형 하켄을 하나 쳐박으니 바위가 점점 벌어지더니 급기야는 쭉 쪼개졌다. 서울 근처의 깨끗하고 단단한 화강암에 비하면 지저분하기 짝이 없었다. 또 몇 분을 족히 걸려 겨우 틈새를 찾아 블레이드형 하켄 한 개를 위태위태하게 박아넣었다. 힘을 주면 금방 빠져버릴 것 같은 불안감이 고개를 쳐들었지만 달리 딴 데를 찾을 수 없었다.

  선우의 확보를 보면서도 눈은 계속 하켄에 머물러 있었다. 갑자기 누군가가 슬립*이라도 해서 하켄이 빠져버린다면, 우리 셋

---

*슬립Slip: 미끄러짐, 혹은 추락.

은 앞서거니 뒤서거니 하며 서로의 자일에 끌려서 여기저기 쿵쾅거리며 박고 튀어오르고 하다 북벽 저 밑의 베르그슈룬트에 처박힐 것이다. 다행히 아무도 죽는 것을 원치는 않았는지 미끄러지지 않고 잘 올라왔다.

눈사태와 빨간 빙수

　　　　　날씨가 나빠지려는지 가스가 끼기 시작했다. 왼쪽으로 바위 밑을 돌아서 엑시트 크랙의 제1피치이자 거미의 왼쪽에서 두번째 앞발인 꿀르와르에 진입하여 15m 정도를 프론트 포인팅으로 올라갔다(여기서 꿀르와르를 잘못 들면 시간만 허비하고 다시 내려와야 한다고 기록에 나와 있었다).

　통과용 워트훅을 치려고 얼음을 까내는 순간 기어이 날씨는 급변해서 하늘이 어두워지고 번개가 치면서 우박이 쏟아지기까지 겨우 2초 정도밖에 걸리지 않았다. 그리고 2, 3초 만에 내가 아이젠의 네 앞발로 간신히 서 있는 곳에서 왼쪽으로 3m 정도 부분인 꿀르와르의 가운데 골로, 한 길이나 됨직한 우박의 급류가 쏟아져 내리기 시작했다. 북벽의 상단부로 퍼붓는 우박이 모두 합쳐져 이 꿀르와르로 흘러 내려오는 듯했다. 간간이 축구공만 한 돌들도 같이 굴러 내려왔다.

　워트훅을 박아 내 몸을 확보할 시간이 없었다. 그냥 양쪽 손의 피켈과 아이스 해머를 위로 깊이 박아놓고 프론트 포인팅 자세로 서서 양팔과 손을 헬멧을 쓴 머리 밑의 안전지대로 최대한 모으고 몸을 구부려 앞 빙벽에 기댄 채 버티기 시작했다. 배낭과 목 위로 쌓이는 우박과 눈덩이들은 가끔 떨어내지 않으면 안 될 정도의 무게로 짓눌러왔다. 몸을 흔들어 떨어뜨릴라치면 헬멧 밑의 안전 범위를 벗어나는 손에 떨어지는 우박은 도저히 참을 수 없어 비명을 지르게 할 정도로 커다란 통증을 가져왔다.

거미 중간에서 워트훅을 처박을 때 빗나간 해머가 왼쪽 손등을 때렸다. 찢어진 고무장갑 사이로 흘러나온 피가 찬 공기에 얼면서 계속 삐져 나왔다. 빨간 빙수 생각이 났다.

갑자기 눈과 우박이 멈추었을 때 재빨리 워트훅을 박아 몸을 확보하고는 목덜미를 파고들어 등으로 내려가는 눈을 막기 위해 윈드 재킷의 모자를 뒤집어썼다. 2, 3초도 안 되어 또다시 우박과 눈이 퍼부어대며 꿀르와르로 콸콸 소리를 내며 쏟아져 내려왔다

얼마나 오래될지 모르는 버팀이 또 시작되었다.

의외로 마음이 차차 안정되어가는 동시에 참으로 많은 생각이 머리를 스쳐갔다. 하나밖에 없는 아들이 산에 가면 항상 잠 못 이루시던 어머니.

"오빠!" 하고 부르며 멀리서 뛰어오는 나의 세 여동생.

나의 사랑하는 동기들.

밑에서 걱정하고 있을 영배 형.

보고 싶은 산악부 후배들.

내가 사랑했던 여자들.

이 생(生)이 끝나면 과연 우리에게 다음 생은 오는가…….

폭설이 그치고 배낭 위로는 주체할 수 없을 정도로 무거운 얼음들과 눈이 쌓여 있었다. 주위가 조용해지자 밑에 있던 선우와 정원이가 걱정어린 목소리로 안부를 소리쳐 물었다. 쏟아져 내려가는 우박의 급류 속에 나의 허우적거리는 몸뚱이가 섞여 있지는 않은지 불안에 떨었을 게다.

나의 건재함과 동시에 눈을 배낭 위로 잔뜩 인 우스꽝스러운 모습을 보여주어 마치 헤어나지 못할 구렁텅이에 빠진 듯한 우리들의 분위기를 일신시키고자 자일을 워트훅에 통과시키고 그들이 있는 곳으로 하강했다.

"멋있지?"

익살을 떨어 그들의 입가에 스치고 지나가는 미소를 잡았다.

하늘이 보인다

우리는 여전히 오를 뿐이다.

꿀르와르를 다시 오르기 시작하여 자일 한 동의 길이만큼의 고도를 따내고 어디 적당히 하켄을 박을 만한 곳이 없어서 삐올레 망셰로 확보를 하고는, 선우와 정원이를 올라오게 했다. 확보를 보기에 그리 안전한 지점은 아니지만 달리 어찌할 수가 없었다.

2피치의 시작은 오른편에 있는 '검은 바위 스텝'이라고 불리는 빙벽이었다. 평상시 하켄이 군데군데 박혀 있는 5급의 난이도를 가진, 검은 바위로 된 65도 내지 75도 경사의 계단 같은 것이라고 들어왔으나 지금은 바위 위로 빙벽이 얼어붙어서 어렵지는 않았다. 중간에 러닝 빌레이용으로 워트훅을 하나 치고 15m의 빙벽을 올라서자 꿀르와르가 둘로 갈라졌다. 왼쪽은 위가 막힌 곳이므로 오른편의 얼어붙은 큰 꿀르와르를 약 25m 정도 더 올라서서 기존 하켄에 자일을 통과하고 피켈과 아이스 해머를 얼음에 깊이 박아 확보했다.

벌써 4시가 지나고 있었다. 오늘 중으로 정상을 거쳐 클라이네 샤이데크까지 내려가기로 작정한 우리의 계획에서 점점 멀어져가고 있는 진행 상태에 마음이 초조해졌으나 달리 어떻게 할 방도는 없었다.

세번째 피치 25m를 반 아이스 반 록 클라이밍으로 올라 경사가 선 '수정 크랙(Quartz Crack)'이라고 불리는 크랙 밑에 섰다. 이곳의 등반 난이도는 보통 때는 5급으로 측정되나 지금은 크랙 위로 두꺼운 얼음이 얼어붙어 75도 경사의 오르기 좋은 빙벽을 이루고 있었다.

바위가 박혀 있는 기존 볼트에 확보를 하고 세컨드인 선우의 등행을 재촉하기 위해 밑으로 내려다보니 어째 한 명이 더 많은 것 같았다. 눈을 가늘게 뜨고 다시 세어봐도 분명히 세 명이 보이는 것이 아닌가. 다른 팀의 톱이 올라선 것이다. 너무도 반가워 소리 지르며 손을 흔들자 그도 마주 흔들었다.

곧 이어 올라온 선우를 통해 그들이 유고슬라비아 등반대임을 알았으나, 한 시즌에 한 팀도 못 오른 적이 있는 이 죽음의 벽에서 우리 말고 다른 살아 있는 인간을 만나는데 이데올로기가 무슨 상관이란 말인가.

유고슬라비아는 사회주의 국가였지만 비교적 자유로운 편이라서 이들 유고인들은 히말라야 등지에서 상당히 활발한 등반을 하고 있었다. 그들은 두 명의 대원으로 갱도 입구에서 첫번째, 그리고 죽음의 비박에서 두번째 비박을 하고 우리를 따라붙은 것이다. 기본 체력이 우리보다 우수하기도 했지만 대원이 우리보다 적어서 충분히 가능한 일이었다.

제4피치의 수정 크랙 15m를 아이스 클라이밍으로 올라서자 꿀르와르가 65도 경사로 이어지고 있었다. 6m 정도를 더 올라 기존 하켄에 자일을 통과시키고 위를 살펴보았다. 이 기존 하켄이 꿀르와르가 시작하는 지점의 바로 오른쪽으로 박혀 있어서, 마치 꿀르와르 저 위의 왼쪽에 흡사 각을 정확하게 재어 깎아놓은 교탁같이 생긴 바위를 향해 그대로 꿀르와르 안으로 직상해야 하는 것같이 보였지만 이 꿀르와르는 위가 막힌 것이라고 했다.

아니나다를까, 기존 하켄에서 왼쪽으로 8m 가량 떨어진 곳에 눈 속에 파묻힌 고정 자일이 눈에 띄었다. 전에 밑에서 만난 영국인으로부터 얻은 자료 중 특히 이 부분에 대해 기술된 것은 아주 정확했다. 왼쪽으로 트래버스를 하여 고정 자일을 따라갔다. 고정 자일은 7m 위의 조그만 스탠스를 넘어 약 30도의 각도로 내려가기 시작하여 또 다른 꿀르와르가 시작하는 지점에 박힌 두 개의 블레이드형 하켄에서 끝나고 있었다. 즉, 왼쪽의 다음 꿀르와르로 넘어온 것이다. 여기까지 모두 45m 길이의 자일 한 동이 필요했다.

위로 70도 경사로 계속되는 꿀르와르를 제5피치 40m, 제6피치 35m와 제7피치 45m를 올라 경사진 작은 바위 능선에 올라서서 박혀 있는 앵글형 하켄에 확보를 했다. 문득 고개를 들자 설원이 보이고 그 설원의 끝에 하늘이 보였다.

정상 설원

아, 드디어 이 벽을 끝내는가! 여기가 엑시트 크랙이 끝나는 지점이었다.

그 좁은 꿀르와르를 앞서거니 뒤서거니 하며 같이 오르던 유고 팀의 톱과 내가 한 하켄에 같이 매달려 후등자의 확보를 동시에 본 적도 있었으나 다행히 하켄이 빠져 다섯 명을 몽땅 쓸고 내려가는 사태는 일어나지 않았다. 어디를 봐도 하켄을 박을 마땅한 균열이라곤 없고 온통 아래를 향한 역층의 푸석바위뿐이었다.

클라이네 샤이데크에서는 엑시트 설원이 깎아지른 경사의 거대한 빙벽처럼 보여서 은근히 겁을 먹었으나 55도 경사밖에 되지 않는 완만한 설벽이어서 어느 정도 안심이 되었다.

발로 차서 딛고 일어서면 발의 앞부분이 반이나 들어갈 정도로 비교적 연한 눈으로 된 설벽이 120m나 뻗어 있는 엑시트 설원을 세 피치로 나누어 올라갔다. 기술적으로 그리 어려운 곳은 아니었으므로 내가 오를 때는 세컨드인 선우와 라스트인 정원이가 확보를 하다가, 내가 자일 한 동의 길이만큼 오르면 내가 확보를 보고 그들은 5m 정도의 간격을 두고 동시에 오르는 방식으로 시간을 줄이려 했다.

그러나 벌써 시간은 8시를 넘어서고 있었고 우리는 아직 위험을 다 벗어난 것이 아니었다. 사고의 발생 가능성은 정상 직전이라도 예외는 아니다.

1953년 8월 20일 취리히에서 온 스위스의 유명한 등산가인 서른 살의 울리비스와 동독 출신인 스물세 살의 칼 곤다가 북벽을 오르기 시작했다.

간간이 오는 비와 가스로 그들의 모습은 며칠간 보이지 않다가 22일 정오경 가스가 잠깐 걷힌 사이 정상에서 약 50m 못 미친 '정상 설원(Summit Ice Field)'을 등반 중인 그들의 모습이 클라이네 샤이데크의 망원경으로 관측되었다.

그들의 모습은 다시 가스에 가려졌다. 가스가 걷혔을 때 그들은 표층 눈사태*에 휩쓸려 미끄러지고 있었다. 그 후 그들 몸의 일부라고 여겨지는 부분들이 북벽 밑에서 회수되었다.

*표층 눈사태 Slab Avalanche : 바람에 의해 다져진 눈 표면에 균열이 생겨 표면만 떨어져 내리는 것.

두 명의 유고 팀도 우리 앞에서 한 피치 한 피치 전진하고 있었다. 8시 45분, 우리는 미텔레기 능에 올라섰다. 이 부분은 미텔레기 능 코스의 마지막이자, 엑시트 설원을 끝낸 북벽의 클라이머와 맞닥뜨리게 되는 정상 설원이 시작되는 곳이다.

드디어 말만 들어도, 생각만 해도 가슴이 설레던 정상 설원을 천천히 연등하기 시작했다.

경사가 심하지 않았으나 허기와 피로가 겹쳐 10m에 한 번씩 쉬지 않을 수 없었다. 바로 앞에 보이는 것이 정상이라고 생각하며 바닥만 보며 꾸준히 오르던 우리들은 그 봉우리에 도착해서는 크게 실망하고야 말았다. 능선을 따라 저 멀리에 더 높이 보이는 진짜(아마도) 정상이 솟아 있는 것이 아닌가.

벌써 시간은 9시를 막 넘으려 하고 있었다. 빠른 속도로 어둠이 내리고 기온이 떨어졌다.

더 이상 전진할 기력을 다 빼앗겨버린 우리는 다시 한 번 비박을 하지 않을 수 없었다. 우리보다 몇 분 먼저 도착한 유고 등반대는 설릉에서 남쪽으로 15m 가량 내려가 경사진 테라스에 하켄을 치고는 비박 준비를 서두르고 있었다.

손가락 끝에서 올라가는 불

　　　　사방 어디 적당한 데라고는 찾을 수 없는 우리는 칼날같이 솟아 있는 설릉의 남면에 설동*을 파고 비박하기로 하고 피켈로 눈을 깎아내기 시작했다. 그러나 얼마 파지도 않아서 딱딱한 얼음층이 나왔고 우리에게는 그 얼음층을 뚫고 파들어 갈 만한 힘도, 시간도 남아 있지 않았다. 하는 수 없이 옆으로 깎아 앉을 자리라도 만들고 있는데 한 순간 무엇인가 이상한 낌새를 퍼뜩 느꼈다.

　아까 분명히 해가 지고 어두워졌는데 설릉 너머 북면이 환해지는 것이 아닌가! 어느새 밤이 가고 아침이 왔다 치더라도 북쪽에서 해가 뜬다는 말은 아직까지 들어본 적이 없었고, 누가 몇 십억 와트짜리 서치라이트를 비쳐대는 것도 아닐 텐데 북면이 점점 밝아지다니, 이게 무슨 요상한 귀신의 조화란 말인가?

*설동雪洞: 경사진 눈을 파들어가 이글루의 내부같이 만든 공간.

이제는 설릉 위쪽까지 환해졌다.

순간 번쩍이는 섬광과 함께 요란한 천둥소리가 들렸다. 그러자 그 빛은 온데간데없이 사라지고 주위는 다시 어두워졌다.

그렇다. 벼락이다!

1년 전 이 아이거의 서릉에서 벼락으로 잃은 두 악우의 비참한 최후를 다시 기억해낸 우리들은 갑자기 바빠지기 시작했다. 그 많은 위기를 넘기고 여기까지 와서 죽는다는 것은 너무 억울하지 않은가. 쇠붙이 장비를 주섬주섬 모아 자일의 끝에 묶어서 아래로 던지고 빈 배낭을 깔고 앉아 몸을 낮추었다. 벼락이 때릴 확률이 가장 높은 능선이지만 우리가 할 수 있는 모든 방비책을 최대한 강구해야 했다.

북면이 또 환하게 밝아왔다.

잠시 후 번개와 벼락이 치고는 또다시 어두워지고……. 자세를 바꾸려고 몸을 일으키자 마치 매미가 우는 듯한 소리가 들렸다. 설릉 위의 여기저기에 30cm 정도의 높이로 위를 향해 빛의 기둥이 올라가고, 우연히 쳐든 손이 설릉보다 높이 올라갈 때는 장갑 낀 손가락 끝에서도 빨간 불빛이 올라가는 것이 아닌가!

우리는 경악으로 말마저 잊어버렸다.

이 모든 현상은 주위에서 번개가 한 번 번쩍이면 모조리 없어지고 곧 이어 천둥소리가 들렸다. 그러다가 몇 초만 있으면 매

미소리가 들리고 여기저기에서 빛의 기둥이 올라가기 시작했다 (이 신비로운 빛이 St. Elmo's Light 혹은 St. Elmo's Fire라고 불린다는 것을 나중에 알게 되었지만 그때는 이런 것이 있다는 것조차 들은 적이 없었다).

이러한 현상이 꽤 오래 반복되는 동안 두려움으로 질려 있던 우리는 차츰 담담해지기 시작했다. 달리 어찌할 방도라곤 없는 이 상황에서 우리가 할 수 있는 일이라고는 벼락이 언제 우리의 머리를 칠지 막연하게 기다리고 있을 뿐이었다.

번쩍하는 바로 그 순간에 우리의 모든 고통과 번뇌는 사라지리라.

나무아미타불…….

달빛과 하얀 능선 사이

습한 눈이 오기 시작하며 마침내 벼락이 그쳤다. 곧이어 눈도 그치고 바람만 부는 가운데 밤하늘에 뜬 달이 아이거의 정상, 묀히와 융프라우, 그리고 저 아래쪽의 빙하를 하얗게 비추고 있었다.

춥지만 않다면 막걸리라도 한 잔 하고픈 정녕 아름다운 밤이다.

선우와 나는 침낭 커버를 같이 뒤집어쓰고 앉았고 정원이는 얇은 침낭 속에 들어가 앉았다. 몸이 극도로 쇠약해진 우리는 한 번 잠들면 깨어나지 못할지도 모른다는 생각에 대답할 때까지 서로를 부르며 밤을 보냈다.

하나밖에 남지 않은 가스통의 버너에 불을 붙여 눈을 녹여 뜨거운 물을 만들어 나누어 마시기도 했지만 씹을 거라곤 없었다. 던져진 자일의 끝에 매달려 있는 조그만 잡주머니 속의 설탕 몇 봉지와 약간의 건포도가 있건만 그것들도 지금은 너무 멀리 있다.

깜박깜박 졸다가 깨기도 했다. 어느 밤이 이보다 길었을까?

30분은 지났으리라 생각하고 내려다본 시계가 5분밖에 안 가고 게을리 머무적거리고 있을 때는 혹시 이 밤이 영영 계속되지나 않을까 하는 두려움마저 들었다. 젖은 양말을 신은 발은 얼어붙어오고 모질게 부는 바람은 무릎만 겨우 덮은 침낭 커버를 날려버리려고 기를 썼다.

그래도 밤은 언젠가 가고야 만다는 만고 불변의 진리를 철석같이 믿으며 우리는 조금씩 가사(假死) 상태로 기어들어가는 의식을 끄집어내려고 온 힘을 다했다. 동상 따위에는 신경 쓸 엄두도 못 내고…….

마지막 비박지에서 뒤에 보이는 정상을 향해 출발하기 위해 준비 중인 남선우와 나.

싸움의 끝

8월 14일 맑은 날씨였다. 왜 기상 시간을 6시로 정해놓고 그 시각이 될 때까지 구태여 떨면서 기다렸는지 후회했다.

일어나서 움직이자 얼었던 마디가 조금씩 풀려오기 시작했다.

자일 끝에 매달려 있던 장비를 끌어올려 기계적으로 주섬주섬 몸에 걸고 장시간에 걸쳐 아이젠을 신었다. "아이젠 밴드 매는 데 이렇게 힘이 들어서야 어디 산쟁이 해먹겠냐"고 투덜대면서…….

남은 건포도를 입에 쑤셔넣고는 가까이 보이는 정상을 향해 뻗어 있는 설릉을 한발 한발 눈을 다지며 오르기 시작한 시각은 정확히 오전 8시. 눈앞으로 점점 가까이 다가오는 정상, 점점 높아져가는 나의 몸, 지난 1년간 정상을 향한 이 설릉을 오르기 위해 다져왔던 고통의 순간들이 머리를 스치며 지나갔다.

8시 30분, 드디어 정상에 섰다.

마침내 아이거 북벽 정상에 선 3명의 대원. 남선우, 김정원, 나.

참으로 오랜 싸움이었다.

우리는 묵묵히 서로를 바라보다가 그저 손을 잡았다.

아무런 희열도 행복감도 없었다.

단지 사랑하는 저 두 명의 친구를 위해 내일 당장 죽더라도 여한이 없으리라는 울컥 치밀어 오르는 정(情)밖에는…….

선우는 무릎을 꿇더니 조그마한 얼음 구덩이를 파기 시작했다.

그리고 품 속에서 두 장의 사진을 꺼내어 들고는 한동안 내려다보았다.

신건호 형과 주동규. 구태여 복수라는 단어를 사용하고 싶지는 않았다. 단지 그들을 대신해 그들의 뜻대로 우리는 올랐을 뿐이다. 간 지 참으로 오래된 그들이 갑자기 보고 싶어졌으나 그들은 이 세상 어디에도 있지 않다는 자각이 우리를 슬프게 했다.

사진을 묻고 묵념을 하고 나니 뒤이어 유고 팀이 올라왔다. 같은 죽음의 벽에서 살아나온 사람들끼리 진심어린 축하를 나누었고 서로의 사진을 찍어주었다. 우리 셋은 태극기를 들고 사진을 찍었다.

그리고 각자의 대학 산악부 기를 들고 또 찍었다. 산악부실에 갔더니 후배들이 하계 장기 등반에 들어가느라 부기(部旗)를 모두 들고 가버려 이것밖에 안 남았더라며 정원이가 꺼내든 한양대 산악부 기는 사람 두어 명쯤은 덮을 만했다. 아마 아이거 정상에서 휘날려진 깃발 중 가장 큰 것이었으리라.

아이거 북벽 정상에서

먼저 간 악우(신건호, 주동규)의

사진을 묻기 위해

눈을 파고 있는 남선우.

또 한 번의 추락

한 시간 후 우리는 자일로 서로를 확보하며 서릉쪽 정상 설원을 하강하기 시작했다.

1858년 초등된 이 알프스의 고전 루트인 서릉에는 초보 등산가에서 북벽을 정찰하는 팀, 정상에서 하강하는 팀, 혹은 때때로 북벽 등반 중 조난당한 클라이머를 구하기 위한 구조대에 이르기까지 쉽게 오르내릴 수 있도록 약간 위험한 정상 부근에는 40m마다 큰 피톤*이 박혀 있었다.

마치 환각 상태에 빠진 듯 탈진한 채 비틀거리며 내려가던 우리는 배가 고파 더 이상 걸을 수 없게 되자 색을 내려놓고 버너를 꺼내 설탕물을 끓여 마셨다. 며칠 전 움막을 떠날 때 눈치 보며 집어넣었던 몇 봉지의 설탕이었다. 며칠 만에 쬐어보는 따뜻한 햇볕 밑에서 배낭에 기대고 앉아 잠깐 취한 수면으로 어느

---

*피톤Piton : 하켄의 동의어. 여기서는 하켄보다 큰 하강용 쇠고리.

정도 원기를 회복하고, 하강을 계속했다.

설사면을 다 내려와서 아이젠을 벗고는 왼쪽 밑으로 비스듬히 바위를 가로질러 가다가 데드 맨 앵커*라는 그다지 좋지 않은 이름의 설벽용 확보 장비를 하나 주웠다. 그걸 사 보내달라고 편지에서 조르던 산악부 후배 생각이 나서 배낭에 집어넣었다.

몇 미터 옆으로 오버행이 있었고 거기에는 빨간 캐신**제 블레이드형 하켄이 하나 박혀 있어 자일로 하강해야 되는 곳으로 보였다. 해머로 하켄을 몇 번 더 두드려 박고는 별 생각 없이 자일을 걸고 5m 정도 하강하여 왼쪽으로 몇 스텝 수평이동하는데 갑자기 몸이 붕 뜨더니 약 3m를 떨어져 엉덩이와 배낭의 밑바닥이 낭떠러지의 끝에 겨우 걸치고 멈추었다. 밑으로 약 20m의 오버행이 나의 자유 낙하를 기다리고 있었다.

하켄이 힘 먹는 각도가 바뀌자 그냥 빠져버린 것이었다. 북벽에서 1,800m를 떨어지나 여기서 20m를 떨어지나 마찬가지 결과인 죽음의 직전에서 겨우 빠져나왔음을 내 머리가 채 자각하기도 전에 위에서 정원이의 낮은 신음 같은 목소리가 들려왔다.

"하나님, 감사합니다."

---

*데드 맨 앵커 Dead Man Anchor: 한쪽이 뾰족한 알루미늄 합금판을 앵글형으로 구부려 가운데 구멍을 뚫어 철사 줄로 꿰놓은 것으로서 눈 표면에 45도 각도로 꽂아 확보하는 기구.
*캐신 Cassin: 이탈리아의 유명한 등산 장비 회사.

진심으로 감사에 찬 그의 음성이 뜨거운 동기애를 몰고 가슴에 와닿는 순간 눈물이 핑 돌았다. 4박 5일의 격전을 함께 치르고 살아나온 사랑하는 친구가 하강하고 있는 하켄이 눈앞에서 쑥 빠지는 것을 본 그의 충격이 어떠했을 것이며, 곧 이어 예상되는 추락과 죽음으로부터 벗어난 친구를 보았을 때 느끼는 환희는 얼마나 큰 것이었을까!

그러나 비척비척 일어나서 배낭을 추스리고는 새로 박은 하켄에 자일을 걸고 다시 내려가기 시작하는 내 머리 위로 그는 아까와는 전혀 딴 목소리로 한 마디 던졌다.

"야, 임마! 죽으려면 거의 다 가서 죽어라. 너야 죽어도 상관없지만 저 아래까지 메고 내려갈 생각하니 끔찍하다."

옆에 있던 선우도 한 마디 거들었다.

"야! 너 죽으면 네 장비 내가 다 가져도 되냐?"

저 밑으로 문명세계의 안락함이 꿈같이 보이는 아이거 글레처 역이 점점 가까이 보이기 시작하면서 우리는 차츰 쾌활해져 갔다.

계속 너덜 지대*를 걸어서 내려가 마지막 한 번의 20m 자일 하강을 하고 설원 위에 내려서서 아이젠을 신었다.

북벽이 넘겨다 보이는 제법 편편하고 넓은 바위 지대까지 내

---

*너덜 지대 : 돌 덩어리들이 사면에 덮여 있는 부분.

친구를 대신해 오른 산.

그것은 어쩌면 나와의 싸움이었다.

하강을 준비 중인 나와 남선우.

려왔을 때 우리의 주방장 정원이가 갑자기 소리를 쳤다.

  누군가가 바위 위에 초콜릿 네 개를 두고 간 것을 발견한 것이었다.

  이틀째 거의 못 먹어 허기져 있던 우리는 "이거 하나씩이면 하루치 식량이다"라고 농담하며 하나씩 먹어치우고 남은 하나는 도로 올려놓았다. 혹시 있을지 모르는 우리보다 더 굶주린 팀을 위하여……

자일의 확보가 필요없는 평지에서

　　　　오후 4시 15분, 또 하나의 설원을 지나 드디어 아이거 글레처 역에 도착했다. 우리의 지치고 더러운 몰골은 역 주위와 지나는 기차 안의 사람들로부터 시선을 끌기에 충분했다. 작년 사고 때 많은 도움을 주었다던 아이거 글레처 레스토랑의 매니저는 선우를 한눈에 알아보고는 당시 현지 신문에 실렸던 기사를 스크랩해놓은 것을 보여주며 우리의 등정을 축하해주었다. 굶주림에 기진해 있는 우리에게 그가 대접한다며 내온 세 병의 맥주는 우리를 빠른 취기와 탈진감으로 몰아넣었다.

　저 아래 보이는 클라이네 샤이데크까지의 30분 거리는 마치 하루 길과 같이 멀게만 느껴졌고 더 이상 걸을 만한 투지가 우리에게는 이미 없었다. 그러나 기차를 탈 돈이라곤 한푼도 없었다. 우리는 오르는 일만 생각했지, 내려와서의 일은 생각조차 해본 적이 없었다. 올라가는 것 자체만으로도 너무도 벅찬 일이었기에……

북벽에서 내려왔다는 것을 안 기차의 차장이 나중에 지불하겠다는 우리의 부탁을 흔쾌히 들어준 덕분에 한발 한발을 괴롭게 내딛지 않아도 몸을 앞으로 가게 하는 편리하기 그지없는 기계—기차라는 것에 우리의 몸을 실었다.

달리는 기차의 차창 밖으로 반가움에 눈동자가 확 젖어드는 사람의 얼굴이 스쳐 지나갔다. 기다림에 지쳐 우리를 맞으러 걸어 올라가던 영배 형이었다.

우리를 깊이 사랑하고 우리의 안전만을 기원했을 형의 가슴속까지 우리의 존재가 깊숙이 들어가 있음을 느꼈다. 인간과 인간이 산을 매개체로 해서 이토록 가까워질 수 있는 것인가!

얼토당토 않게 기차를 세우라는 우리의 요구는 무시당한 채 기차는 클라이네 샤이데크에 다다랐다.

우리가 북벽에 있는 동안 내내 무전기와 망원경을 끼고 살았던 영배 형을 찾아와 마치 가족처럼 걱정을 했다는 호텔 주인에서 요리사까지 올라와 진심으로 우리의 성공을 기뻐해주고 돌아갔다. 국적이 다른 데다 말도 통하지 않지만 그들의 따뜻한 마음에 우리는 그저 감동해서 고맙다는 말을 연발하기에 바빴다.

계속 물만 들어갈 뿐 실로 오랜만에 먹어보는 밥은 입 안에서 모래알처럼 겉돌아서 거의 먹을 수 없었다. 나는 마지막 밤을 보낸 설릉에서 입은 동상으로 인해 발이 쑤셔오기 시작했다.

뜨거운 물로 샤워를 하자 피로가 다 풀린 듯했으나 몸을 눕히고 눈을 감자마자 세 명의 무섭게 코고는 소리와 함께 깊고 행복한 잠 속으로 빠져들었다. 자일의 확보가 전혀 필요없는 평평하고 넓은 매트리스 위에서⋯⋯.

　며칠새 북벽에서의 비박이 습관이 되어버린 우리는 눈을 뜨고도 몸은 전혀 움직이지 않은 채로 고개만 좌우로 가만히 돌려 우리가 과연 어떠한 상황에서 자고 있는가를 살폈다.
　주위에는 바위도 얼음도 없고, 확보용 자일도 쳐져 있지 않았다. 갑자기 몸을 일으켜도 좁은 테라스에서 몸이 밀려 내려갈 염려가 없는 따뜻한 평지 위에 누워 있었다.
　창 밖으로 보이는 아침 햇살에 빛나는 북벽을 한 번 힐끗 쳐다보고는 마치 못 볼 것이라도 본 양 고개를 홱 돌려버렸다. 수년간 우리의 마음을 사로잡았던 북벽이 매력이라곤 하나도 없는, 다시는 쳐다보기조차 싫은 지긋지긋한 벽으로 바뀌어버린 것이다. 우리가 저 벽을 올랐다는 사실이 도저히 믿기 어려운 꿈같이 아득했다.
　갱도 입구에 데포시켜놓았던 장비를 점검하기 위해 정원이와 함께 올라갔던 영배 형이 비를 흠뻑 맞은 채 풀이 죽어 돌아왔다. 자일과 하켄류, 상당량의 등반 식량 등이 거의 모두 없어진 것이었다. 아마도 정찰하기 위해 오르던 팀이 누가 포기하고 간 것인 줄 알고 그들의 장비와 식량을 보충하기 위해 들고 간 것임에 틀림이 없었다. 그러나 그의 단독 등반을 은근히 만류하던 나는 다행이라고 생각했다.

적어도 나의 눈에 비친 아이거 북벽은 솔로*로 오르기에는 너무도 위험했다. 어쩌면 나는 도봉산 선인봉을 내려오다 우연히 만나 상추의 물기를 탁탁 털어 고기를 올려놓고 소주를 같이 마실 수 있는 형으로라도 계속 살아 있기를 진심으로 원하고 있었는지도 모른다. 하긴 이 아이거 북벽의 단독 등반은 1963년에 스위스의 미셸 다르벨러에 의해 단 이틀 만에 이루어진 이후 많은 등반가들이 도전해 성공하기도 했지만 여전히 위험한 것은 사실이다.

또한 라인홀트 메스너와 피터 하벨러는 1974년 이 벽을 단 열 시간 만에 오르는 기록을 세우기도 했다. 그들은 1978년 에베레스트를 무산소로 오르는 데 성공했고, 2년 뒤 메스너는 혼자서 에베레스트를 다시 무산소로 오르기도 했다.

그는 이 아이거 북벽을 히말라야의 낭가파르밧(8,126m) 루팔벽과 남미의 아콩카구아(6,959m) 남벽과 더불어 '세계의 3대 어려운 벽'이라 칭한 바 있다.

몇 가지 기념품을 사러 가게에 들렀을 때 우리가 북벽에서 내

---

*솔로Solo Climbing : 파트너 없이 혼자 등반하는 방법.

려왔다는 것을 알아본 사람들은 앞다투어 악수를 청하기도 하고 기념품을 거저 싸주기도 했다. 북벽에서의 사고를 수십 년 동안 보며, 그 죽음들로 더욱 유명해진 아이거 북벽을 보러 혹은 회수되지 못한 채 몇 년째 자일에 대롱대롱 매달려 있는 시체를 보기 위해 몰려오는 관광객들과 더불어 살아온 이들 클라이네 샤이데크 사람들은 살아 돌아온 우리를 마치 대단한 사람인 양 몇 번씩 다시 쳐다보곤 했다.

철수하는 영배 형과 알피글렌에 도착해 꿈에도 못 잊던 우리의 보금자리, 움막 문을 밀치고 들어갔다.
그제야 나는 우리가 살아 돌아왔음을 실감할 수 있었다.
그래, 우리가 북벽을 끝내고 살아서 돌아왔단 말이야!
그 동안 우리의 운이 너무도 좋았음을 신에게 감사 드리지 않을 수 없었다. 우리를 피해 떨어진 무수한 낙석은 둘째치고 등반이 끝난 다음날부터 나빠진 날씨만 봐도 알 수 있지 않은가.
럼주 두 병을 사고 상추를 뽑아오자 갑자기 바빠지기 시작했다. 며칠 전에 다시는 필요없을 것 같아 진흙바닥으로 던져버렸던 돌판을 다시 주워오랴, 안주를 만들랴 이리저리 분주히 왔다갔다 하며 자축의 술판을 벌였다. 우리에게는 이제 어떠한 초조함도 없었다.
밖에는 비가 계속 내리고 우리의 노래는 끝이 없이 이어졌다.

"우리가 북벽을 끝내고 살아서 돌아왔단 말이야!"

베이스 캠프인 움막 안에서의 등정 축하 술판.

김정원, 박영배, 나, 남선우.

모두 체력이 약해져서인지 술 2병을 다 해치우지도 못한 채, 평소 주선(酒仙)을 자칭하더니 제일 먼저 떨어진 주졸(酒卒) 선우를 눕히고는 간격을 두고 차례로 침낭 속으로 기어들어갔다.

  꿈 같은 산행을 끝내고 이들과 헤어져야 하는 날도 며칠 남지 않았구나.

이별주

　　　　8월 16일 월요일, 그 동안 정들었던 움막과 원터, 호텔 식구들을 뒤로 하고 기차를 타고 베른에 도착해서 영배 형과 헤어진 후 대사관으로 향했다. 작년의 사고 후 귀찮은 사후처리를 떠맡아주었다던 대사님과 대사관 직원들을 만나 인사를 하였다. 모두들 우리의 성공을 기뻐해주었다. 작년에도 신세를 졌다던 고마운 '미카엘라 엄마'라는 한국인 교포 아줌마 댁에서 저녁식사를 한 후 대사관의 백영사 댁에서 술로 밤을 보냈다.

　　다음날 8월 21일, 파리에서 서울로 떠나는 말레이시아 항공의 대기자 명단에 선우와 정원이를 올려놓고서, 내일 취리히에서 뉴욕으로 떠나는 스위스 항공에 내 자리를 예약했다. 대사관에서 베푸는 점심식사에 참석했다가 대사관 직원인 김신균 씨 댁에서 저녁을 대접 받고는 거기서 묵었다.

　　8월 18일, 베른 역 안의 간이주점 앞에서 조그만 사과주를 한

병씩 손에 들었다. 이별주였다.

    입으로는 평소 버릇대로 "지겨운 놈, 이제야 헤어지니 후련하기 짝이 없다"라고 지껄여댔지만 속으로는 등반을 무사히 끝낼 수 있도록 노력한 서로에 대한 감사하는 마음으로 가득 차 있었고, 우리들의 얼굴은 헤어짐을 슬퍼하는 표정을 억지로 숨기고 아무렇지도 않게 보이려는 노력으로 일그러져 있었다.

    오전 10시 15분, 샤모니로 떠나는 선우와 정원이를 배웅하고 우리의 원정은 그렇게 끝이 났다.

    그리고 네 시간 뒤 나는 뉴욕 행 비행기 안에서 동상 걸린 발을 문지르고 있었다.

나의 사랑하는 동기들에게

    원정 등반은 끝났다. 산을 처음 입문한 대학교 1학년 때 학교 뒤 할매집이라는 술집에서 산악부 선배로부터 아이거 북벽이라는 생소한 이름을 처음 접하고, 언젠가는 그 벽을 오르고 있으리라는 운명 비슷한 것을 느꼈다.
 그 이후로 나는 얼마나 오랫동안 이 원정을 동경해왔던가.
 사랑하는 두 명의 산 친구를 잃었을 때 우리가 그들을 위해 할 수 있는 것이라고는 그들을 대신해 오르는 것뿐이었다. 그리고 우리가 과연 이 벽을 살아서 벗어날 수 있을까라는 끈질긴 의구심에서 비롯된 절망감을 이겨내고 올라서고야 말았다.
 동상과 굶주림의 고통 속에서 하강하면서 나는 북벽을 저주했고 나의 생의 전부라고 항상 자신 있게 이야기하던 클라이밍이라는 것을 증오하기 시작했다.
 그러나 이제 다시는 클라이밍은 안 하리라고 이를 악문 지 하루가 채 가기도 전에 나는 아이스 해머를 끌어당겨 녹을 닦아내기 시작했고, 우리의 다음 원정은 어디로 할까에 대해 이야기하기를 원했다.

내가 갈 곳이라곤 산밖에 없으므로…….

자일의 확보도 필요없이 이 평평한 땅 위에 설 수도, 누울 수도 있음에 나는 참으로 행복하다.

내가 이 행복함을 다시 느낄 수 있도록 밤에 잠 못 이루고 빌었을 어머니, 나에게 바위와 얼음 하는 법을, 그리고 산 친구 사랑하는 법을 가르쳐준 형들, 나의 사랑하는 졸개들, 그리고 나를 미워하는 나의 동기들에게 그저 감사하는 마음뿐이다.

1982년 8월

산에 바친 청춘들을 추억하며

박인식(연세대산악부 OB, TV 드라마 「산」 원작자)

대학산악연맹의 요란스러운 동기들—김윤만, 남선우, 전석훈, 윤태식, 조영의, 주동규, 정광식, 김정원 등등에 대해 나는 불만이 많다. 이자들(내심으로는 이 녀석들이라고 부르지만)은 나의 그 불만을 '질투심'이라고 호도하겠지만 천만의 말씀이다.

나의 그 불만은 이자들이 전두환이라는 깡짜가 육사에서 만든 '하나회'라도 되는 듯, 대학산악연맹 안에서 저희들끼리 똘똘 뭉쳐 '제7기'라는 것이 연맹의 기수를 지칭하는 것이 아니라 하나의 산악회 이름으로 규정해버렸다는 데서 비롯된다. 그들은, 아니 이자들은, 인물이나 인격, 나이 또는 소속대학이나 전공 또는 산행 경력이나 산행 스타일 또는 좋아하는 술의 종류나 주량 등 친구를 사귀는 데 있어 고려해야 할 여러 덕목들을 손톱만큼도 염두에 두지 않고 연맹이 생긴 이래 일곱번째 되는 해에 대학 산악부에 들어와 제7기가 되었다는 한 가지 사실만으로 대신 죽어도 좋은 동기로 무조건 받아들이는 제7기 원리주의자

(내가 만든 말이다)들이 되어버렸다. 무자헤딘이나 알카에다 같은 자살 특공대를 만들어낸 원리주의자들이 요즘도 저지르고 있는 그 불장난을 떠올릴 때마다 나는 이자들에 대한 내 불만이 얼마나 합당했으며 또 선지적이었는지를 확인하게 된다.

보라! 이 책을 읽어보라! 그러면 이자들끼리 꾸린 1982년 여름의 아이거 북벽 원정이 과연 정상적인 의식을 지닌 산악인들의 등반행위인지 아니면 온몸에 신나를 뿌리고 불섶으로 뛰어드는 아랍 원리주의자들의 자살행위인지를 단숨에 파악하게 될 것이다. 아울러 이 책의 저자인 정광식이 얼마나 편집광적인 인간인지 또 이런 등반 행위의 동력이 된 제7기 '동기애'가 얼마만큼 광적인 열정에 휩싸인 도그마인지도 납득하게 될 것이다.

나는 내 나이에 대해 별스런 유감도 호감도 갖고 있지 않은 사람이지만, 이자들보다 몇 년 먼저 태어난 덕에 이자들이 소속된 산악회인 '제7기'가 되지 않고 대학산악연맹의 그 점잖은 동기들인 '제4기'가 된 것을 퍽이나 다행스럽게 생각한다.

대학산악연맹 제4기의 산 친구들—여송필, 윤일웅, 신건호, 이모, 김기형, 황태성, 맹형렬, 이동훈 김종수, 고재욱, 김성혁, 박찬기 등등은 정말 한결같이 점잖고 어리석도록 맘 좋은 산 친구들이었다.

그러나 집안이 망하려면 며느리 턱에 수염 나는 법이다. 모진 놈 옆에 있다가 벼락 맞는다더니, 우리 동기들에게 허물이 있다면 이 모진 7기들을 어여삐 여겨 이자들과 가까이 했다는 것밖에 없다. 요산요수하며 기껏 도봉산과 북한산의 선인봉과 인수봉에서 기술이나 체력이라고는 쥐뿔도 없어 가진 주량으로 서로 끌어주고 밀어주며 팔뚝 까지고 숨이 턱까지 차올라도 바위를 끝까지 올라서는 하산하자마자 돌판 주워(바위는 잘 못해도 우리 동기들은 삼겹살 구울 바위 돌은 기가 막히게 잘 찾아냈다) 그 위에 돼지 삼겹살이나 목살을 구워 물기 탁탁 털어낸 상추쌈을 안주로 쐬주나 마시러 산에 다닌 우리 동기들을 그 '사람 잡아먹는 귀신' 아이거 북벽으로 가자고 꼬드긴 게 과연 누구란 말인가.

초등되기도 전에 아홉 산군의 목숨을 앗아가고 지금까지 50여 알피니스트의 공동묘지가 된 이 '죽음의 벽'으로 이자들이 가려면 죽든 살든 저희들끼리 갈 일이지 왜 우리 동기들에게 "대장 자리를 주겠네" 하며 간이 배 밖에 나온 짓을 했을까. 하늘이 안다면 천벌을 받을 짓을 서슴지 않았던 7기였다.

이자들의 평소 품행과 소행으로 그 인간됨됨이를 누구보다 더 잘 알고 있던 신건호와 여송필(여포라는 아호로 널리 알려진), 그리고 윤일웅이라는 가장 인간성 좋고 또 어리숙했던 4기의 내 친구들이 고스란히 이자들의 꼬임에 넘어간 것 또한 정녕 하늘의 뜻이런가.

1981년 대학산악연맹의 아이거 북벽 원정은 대학연맹의 이름을 내걸긴 했어도 사실은 제7기 동기 산행으로 봐야 옳다. 남선우, 조영의, 전석훈, 주동규 그리고 정광식(이자는 당시 해외근무 중이어서 등반에 참여하지는 못했다) 등의 제7기들이 오래 전부터 모의하여 훈련해오다 제4기의 세 선배와 숭전대 산악부 OB이며 연맹의 5기인 빈창선을 살살 꾀어 동참케 한 것이었다. 여포 여송필이 가는 곳이라면 지옥에라도 쫓아간다는 신념으로 산에 다녔던 여포의 대학 후배 빈창선은 말이 5기이지 정신적으로는 여포와 동기인 4기였다.

  81년 연맹의 아이거 행은 외형적으로는 신건호를 대장으로 내세운 제4기와 제7기의 합동 등반으로 보였지만 실상은 이 책에서 정광식이 토로하는 바대로 대학 산악부에 처음 들어가 부실에서 아이거 북벽 사진을 처음 보았던 때나 학교 뒤 할매집에서 어느 선배로부터 아이거 북벽이라는 이름을 처음 들었던 순간부터 언젠가는 그 벽을 오르게 되리라는 예감의 실천이며 행동화였고 그들과 함께 간 제4기의 내 산 친구들은 이자들을 뭉치게 하는 그 묘한 동기애와 알피니즘에 홀리고 만 것이다.

  내가 보기에 이자들에게 홀린 신건호, 여송필, 윤일웅, 빈창선 등 네 대원 어느 누구도 아이거 북벽을 등반하겠다는 투지를 불태우는 동시에 그만 한 등반력을 함께 갖춘 이는 없었다.

  그 네 대원은 아이거 북벽을 오를 그 두 가지 조건 중 어느 한 쪽이 결여되어 있었다.

실제로 현지에서 여송필과 윤일웅 대원은 북벽 아래에 친 베이스 캠프에 머물며 지원조 역할을 했다. 그리고 신건호에게는 대장을 맡긴 이상 B조의 전석훈과 줄을 함께 묶게 해줄 수밖에 없을 것이고, 7기만의 등반이라는 비난을 피하기 위해서라도 주동규가 속한 C조에 빈창선이라는 '개밥의 도토리'를 끼워넣었다.

이 자리에서 처음 털어놓는데, 사실 여포 여송필 대원은 4기의 그 순박한 심성으로 이 아이거 행이 어떤 비극으로 결말지어질 것을 예감한 모양이었다.

신건호와 주동규가 낙뢰로 숨진 그 비극적 결말에 있어 여포의 예감이 빗나간 부분은 여포 자신이 그 희생자가 될 것만 같았던 불안이었다.

아이거로 떠나기 얼마 전 나를 찾아온 여포는 꼼꼼하게 밀봉한 서류 봉투 하나를 내밀며 말했다.

"유서다. 그리고 나머지는 그 동안 써온 등반일지다. 만약 아이거에서 못 돌아오면 유서를 어머니께 전해드리고 등반일지는 책으로 펴내다오."

그렇게 아이거로 떠난 여포는 살아서 돌아왔지만 신건호와 주동규는 그 불안했던 예감대로 아이거에서 사라지고 말았다.

한 줌의 유골이 되어 김포공항으로 들어온 신건호와 주동규를 추모하는 영결식이 1981년 어느 여름날 한양대 병원에서 있었다. 영결식 사회를 맡은 명지대 산악부 OB 김종수(그도 연맹 4기의 어리버리다)에게 나는 듀프라의 '그 어느 날'이라는 산악시를 낭송케 했다.

> 그 어느 날 내가 산에서 죽는다면
> 오랜 산 친구여
> 이 한마디를 기억해주게
> 내 피켈을 집어다오
> 내 분신이 치욕 속에 녹슬어가는 것을
> 나는 원치 않네
> 어딘가 아름다운 페이스에 가져가주게
> 그리고 내 피켈만을 위한 작은 케른을 쌓아주게
> 그리고 난 뒤, 그 위에 나의 피켈을 꽂아주게

그 자리에 없었던 정광식은 나중에 들었겠지만 그 시가 낭송되면서 영결식장은 통곡의 바다가 되어버렸다. 좀체 울지 않는 나까지 평생 흘릴 눈물을 모두 흘려버린 듯했으니까. 그때 울면서도, 나는 좀 특별한(아주 박인식다운) 의구심에 사로잡혔다. 그것은 신을 모독하고 싶을 지경의 분노이기도 했다.

호랑이 담배 피던 시절부터 우리는

1. 한국의 가을하늘이 세계에서 제일 높다.
2. 한국 고추가 작지만 세계에서 제일 맵다.
3. 삼천리 강산은 금수강산이다.
4. 극악무도한 놈은 하늘이 번개를 내려 심판하는 천벌을 준다.
5. 높은 산은 높고 낮은 산은 낮다.
6. 이상은 동해물과 백두산이 마르고 닳도록 변하지 않는다

라고 믿으며 살아왔었다.

나이를 먹는다는 것은 이러한 믿음이 하나하나 깨져나가는 과정에 지나지 않았는데, 그중에서 그나마 오랫동안 내 양심이 비빌 언덕으로 버텨주었던 4번의 계명이 그 영결식에서 여지없이 무너져내린 것이다.

모두 불효자들인 고인들에게 떨어진 낙뢰가 불효를 심판하는 천벌이라면 하느님은 실수를 해도 엄청 큰 실수를 한 것이다.

어머니에게 유서를 써놓고 간 연맹 4기의 동기들이 그 심판의 대상이었을 리 없다. 하늘이 내린 벌받을 짓을 저지른 장본인들은 그토록 어리숙하고 착한 4기의 선배들을 그 '죽음의 벽'으로 끌어들인 제7기의 악당들(惡黨)들이란 건 누구보다 하늘이 먼저 알고 있었을 것이다. 그런데 세상에, 정말 하늘도 무심하시지. 하느님마저도 조준에 실패할 수 있단 말인가.

정작 하늘이 번개로 내려치고 싶었을 악당들은 7기로만 짜여진 A조의 남선우, 조영의 대원이었을 것이다.

그러나 영악스러워 '남영악'이라는 별명을 가진 남선우의 A조는 낙뢰 지점에서 상당히 벗어난 아이거 정상 부근에서 비박하고 있었던 까닭에 그들에게는 천벌을 내리려야 내릴 수 없었다. 그들 대신 신건호, 전석훈 조와 빈창선, 주동규 조에 있는 두 명의 7기에게 천벌을 내린다는 게 조준이 잘못되어 그만⋯⋯에까지 상상이 미쳤다가 나는 곧 4번의 계명 자체를 1번이나 2번처럼 불신하게 된 것이다. 나는 낙뢰에 아무런 가치 판단이 들어가 있지 않다는 것을 여기서 깨우쳤다. 정말 천벌받을 놈이 번개 맞아 죽었다면 그게 우연이듯, 정말 하늘로부터 축복받아야 할 고귀한 생애가 번개 맞아 끝나는 것 또한 우연한 사고에 지나지 않는다는 것을 알게 되었다.

'산에서의 죽음'도 여러 가지 양상으로 나타난다.

추락사, 동사, 아사, 고소증으로 인한 뇌수종사나 폐수종사, 눈사태 매몰사, 낙석이나 낙빙에 의한 사고사, 심장마비사, 급성질환사, 바람에 날려가는 풍사, 거기에다 익사와 낙뢰사까지.

그중에서 날더러 한 가지를 택하라면 나는, 제7기의 꼬드김에 넘어간 나의 동기 신건호의 최후처럼, 이제 낙뢰사를 택하는 데 주저하지 않겠다.

그 죽음이 가장 찬란하기 때문이다. 그것은 자신의 몸을 횃불로 지펴 올리는 죽음이다. 지금도 변함없지만 나는 산에 처음 입문한 스무 살 때부터 '산에서의 죽음'이 가장 이상적으로 삶을 마무리하는 방식이라는 신념을 갖게 되었다. 내가 쓰는 소설이나 시 또는 수필의 근저에 '죽음'이 깔려 있는 이유가 여기에 있다.

나는 연맹 제7기의 후배들에게 가지는 불만 못지 않게 큰 불만을 우리 한국 사회에 갖고 있는데, 그것은 왜 한국 사람들이 자동차에 치여 죽느니 산에 가서 죽지 못하느냐 하는 것이다.

언젠가 본 통계에 의하면 한국에서만 1년에 교통사고로 1만 명 이상이 사망한다고 한다. 산에서 죽는 사람은 그것의 200분의 1도 되지 않을 것이다.

모든 삶이 끝이 있는 이상 보다 많은 사람들이 산에서 죽으면 좋겠다. 그런 생각이 간절해지며 나는 옛사람들이 자신의 무덤 자리를 미리 봐두듯 죽을 장소와 죽는 방식에 대해 어느 정도 계획을 세워두고 있다. 나는 산에 오를 힘이 남아 있을 때 산으로 가서 산에서 죽거나, 여자를 오를 힘이 남아 있을 때 그 여자를 오르다 그 배 위에서 죽고 싶다. 복상사할지, 산상사할지는 하늘은 알고 있을 테지만.

산에 한참 빠져들어갈 무렵, 그러니까 산에서의 죽음을 절실히 동경하던 그 무렵에 금서의 하나였던 체 게바라 평전을 필독한 기억이 있다. 그 평전 속에 나오는 시구를 패러디하여 스무 살 무렵의 나는 이런 마음 갈피속을 방황하여 산을 올랐다.

젊음은 목숨을 거는 일

　　사랑도 명예도 돈도

　　젊은 목숨을 걸기에는 너무 하찮다

　　바위를 오르며

　　나는 목숨을 걸 만한 단 하나의

　　이상을 발견했다

　　이름하여 산!

　　내 죽음을 받아들일 수 있는 유일한 장면;

　　산으로 끝없이 걸어 들어가고 있다

　　세상으로 연결된 모든 길들이

　　사라지며

　　나는 산이 된다

　'제7기'의 악동들에게 욕을 퍼붓다가 30년 전쯤의 내 산행관까지 들추게 된 것은 어디까지나 정광식이 쓴 이 책 때문이다.

　이 글을 쓰기 위해 책을 다시 읽다가 산에 바치기로 했던 내 목숨의 맹세를 기억해낸 것이다.

　사랑하는 산 친구들이 아이거에 가서 죽었다……. 여기까지는 다른 산꾼들도 겪어볼 수 있는 일이다. 굳이 아이거가 아니더라도 등반사고는 산에서 자주 일어나는 일이어서 클라이밍을 계속 한다는 것은 산 친구를 산에서 하나둘 잃어간다는 말과 동의어가 된다. 하지만 산에서 죽은 산 친구들을 대신하여 그들이 사라진 그 산이나 벽을 '죽어도 좋아'라는 각오로 다시 오르기란 정말 드물고 어려운 일이다.

　신건호와 주동규 대원이 사고를 당한 지 1년이 지난 1982년 7월의 정광식, 남선우, 김정원 대원(모두 연맹의 제7기다)의 아이거 북벽 등반은 자신들의 목숨을 먼저 간 산 친구에게 바친 듀프라의 시(詩)다. 그 시적 세계의 구체적 실천이 클라이밍 예술로 승화되고 있는 이 책은, 단언컨대 한국 산악문학의 한 고전으로 오랫동안, 나뿐 아니라 정광식과 그가 사랑하는 동기 모두가 이 세상에서 사라진 후에도 한국 산악계에 살아남을 것이다. 사랑하는 산 후배 정광식에게 당부할 게 있다. 그건 딴 게 아니라 내가 산상사가 아니라 복상사하는 경우에 말이다. 제발 내 복수를 해준다고 그 산 정복에 다시 나서주기는 말게나.

2003년 7월
홍콩에 사는 정광식을 생각하며
파리에서 박인식

부록

헤크마이어 루트와 등반 루트
코스 개념도
헤크마이어 루트 개요
장비 목록
개인별 등반 복장 명세
경비 명세
아이거 북벽 공동묘지
아이거 북벽에서의 죽음들

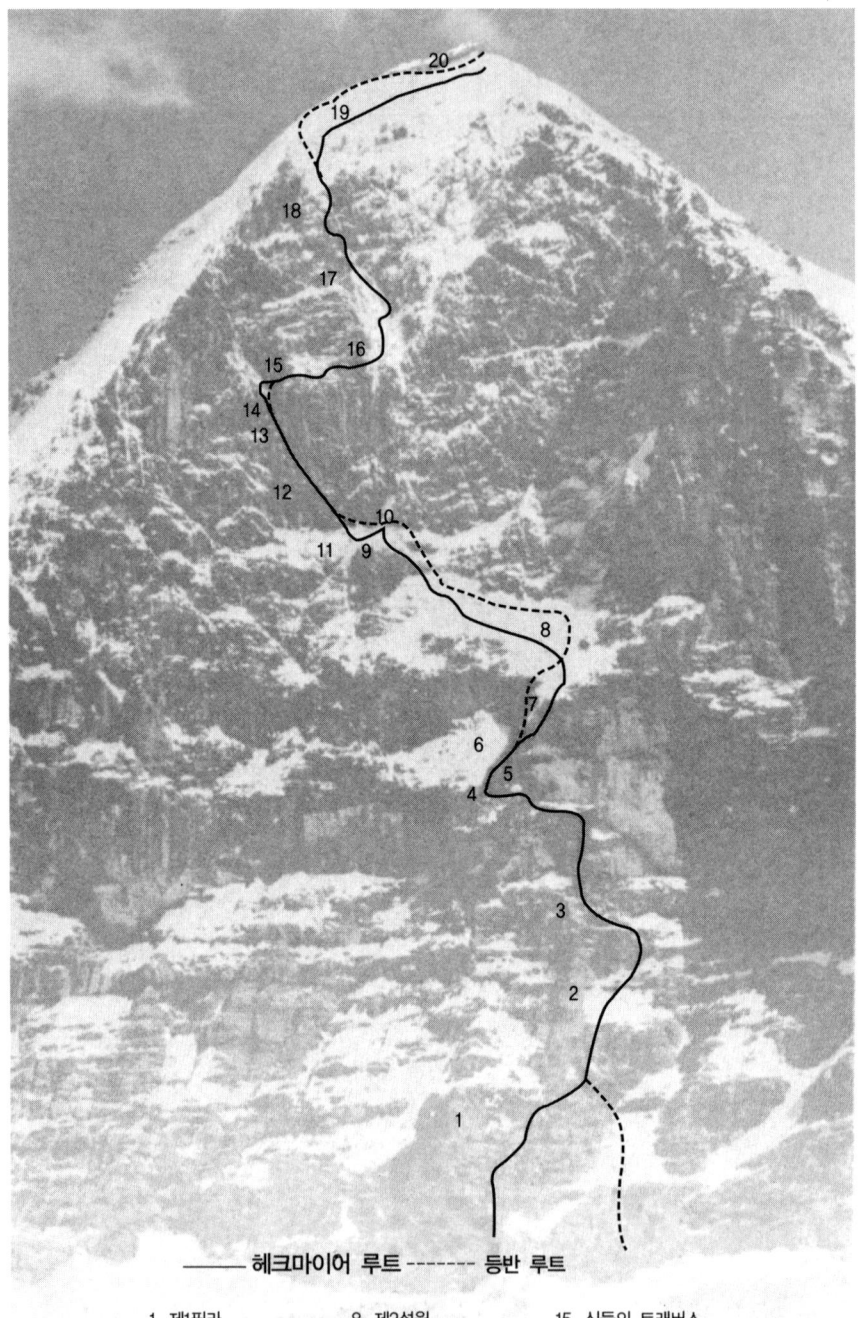

——— 헤크마이어 루트 ------- 등반 루트

1. 제1필라
2. 새터드 필라
3. 힘든 크랙
4. 힌터슈토이서 트래버스
5. 제비의 집
6. 제1설원
7. 아이스 호스
8. 제2설원
9. 플랫아이언
10. 죽음의 비박
11. 제3설원
12. 람프
13. 워터폴 크랙
14. 아이스 벌지
15. 신들의 트래버스
16. 거미
17. 엑시트 크랙
18. 엑시트 설원
19. 정상 설원
20. 정상

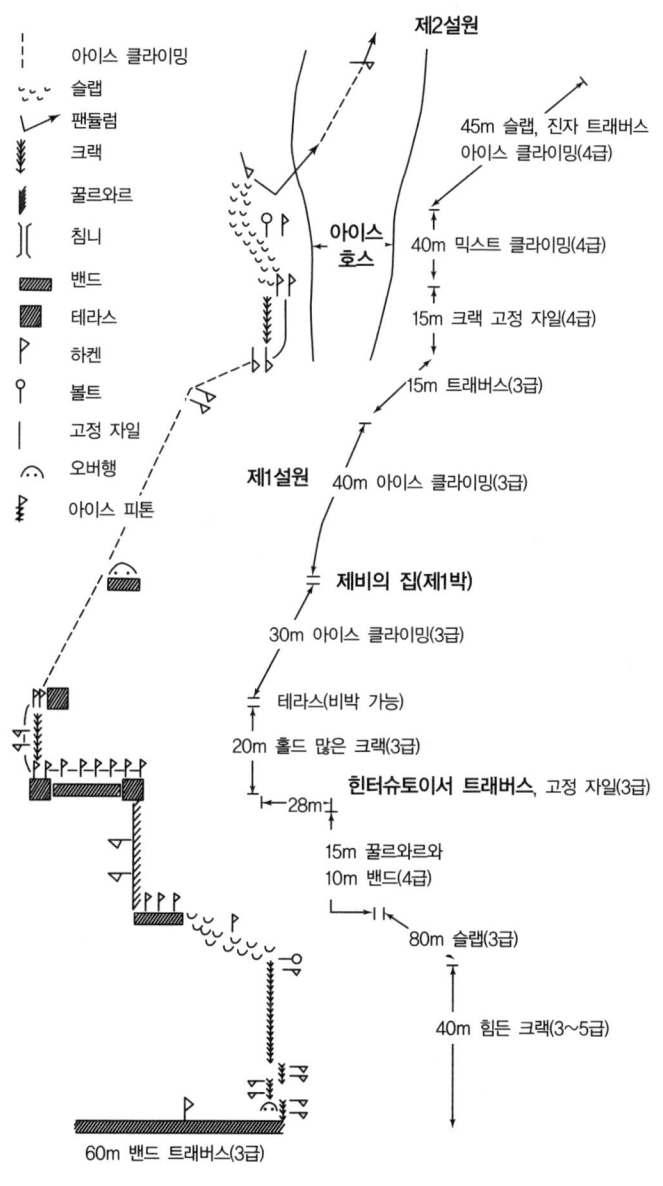

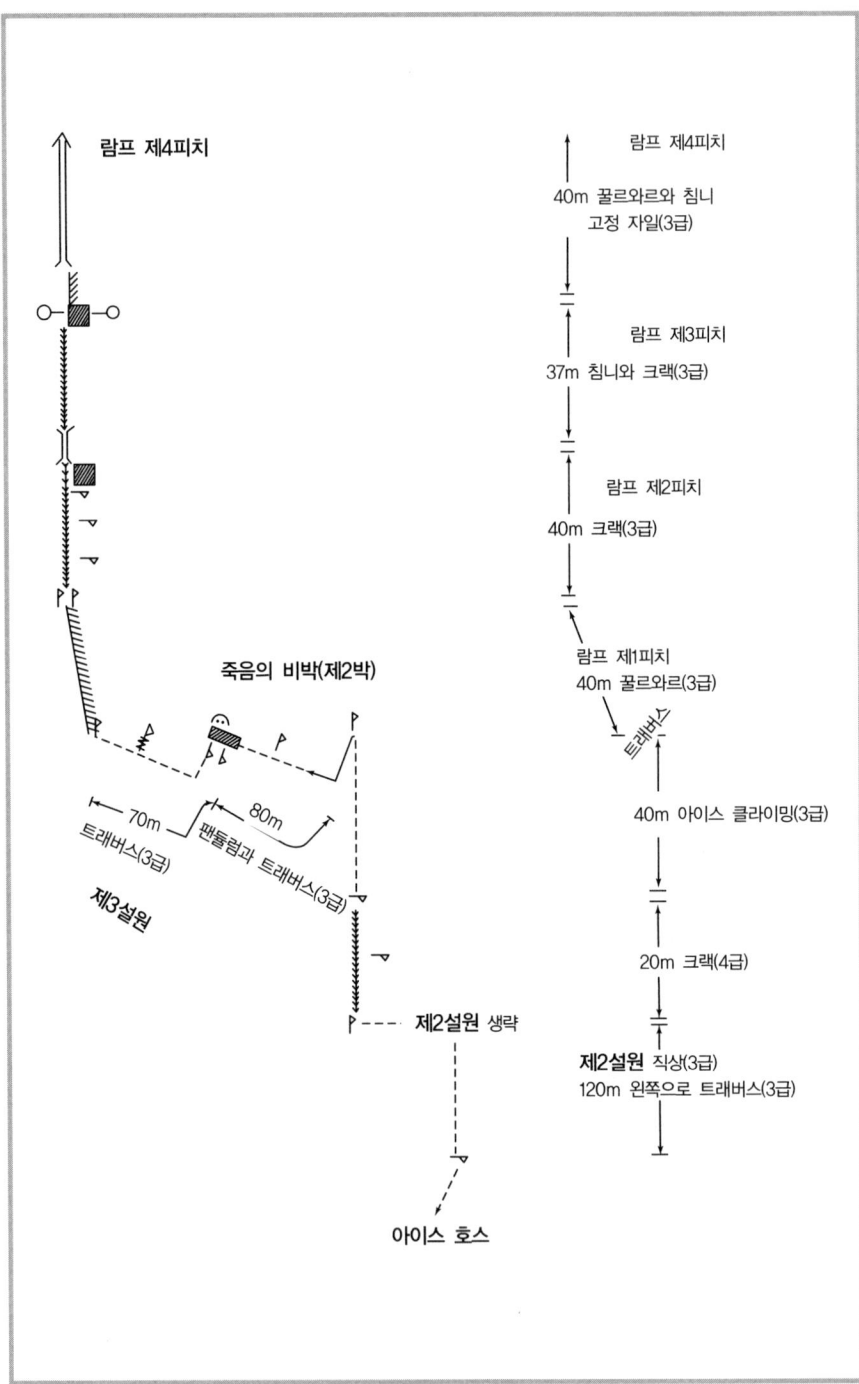

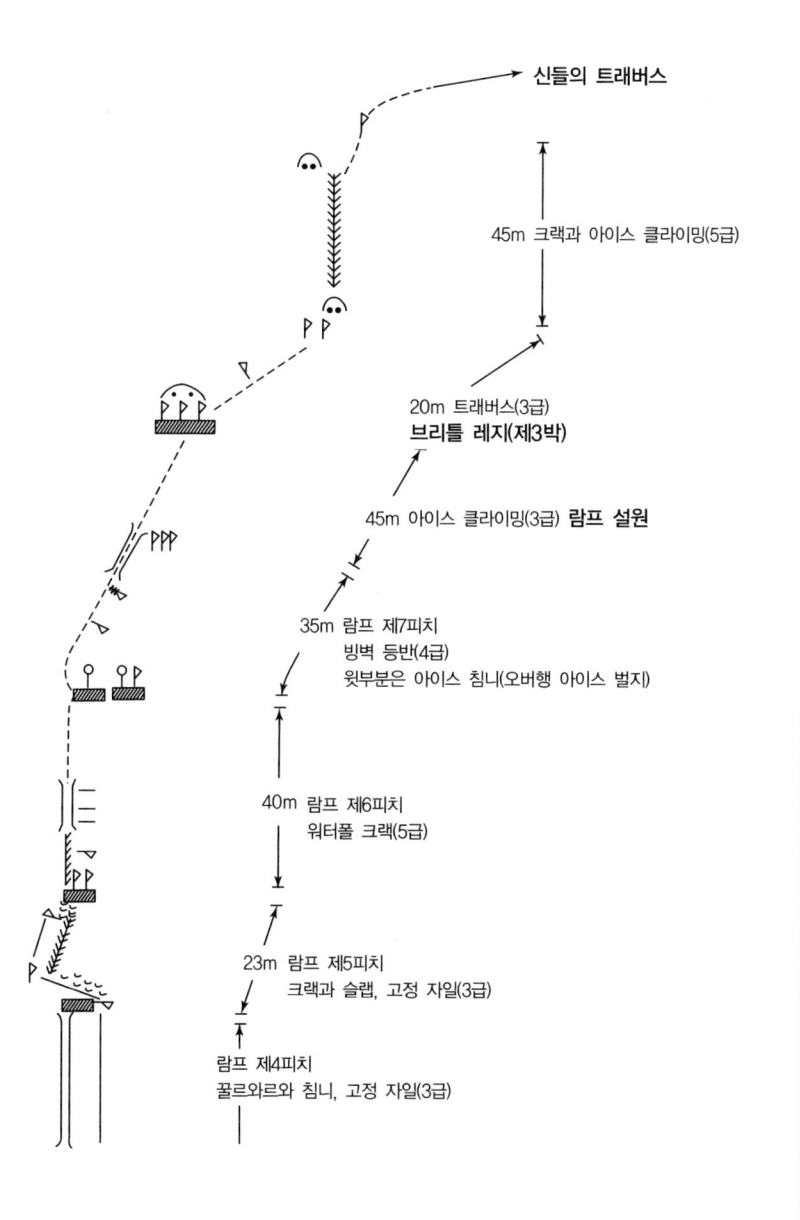

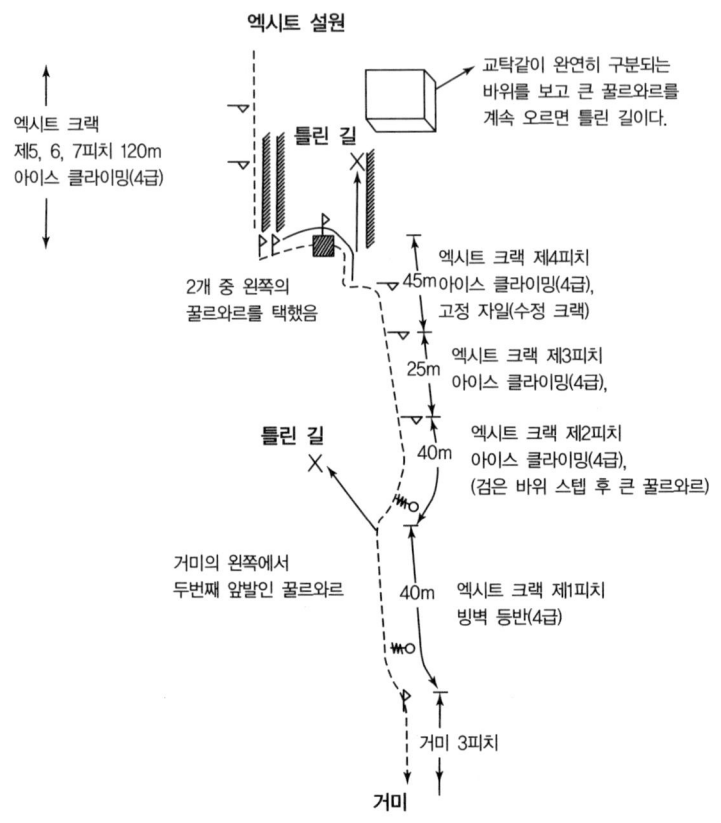

거미 개념도 생략
　제1피치 : 40m(4급) 아이스 클라이밍
　제2피치 : 40m(4급) 아이스 클라이밍
　제3피치 : 40m(4급) 아이스 클라이밍

신들의 트래버스 개념도 생략
　제1피치 : 25m(3급) 아이스 클라이밍, 트래버스
　제2피치 : 10m(3급) 아이스 클라이밍, 트래버스
　제3피치 : 40m(3급) 아이스 클라이밍, 트래버스
　제4피치 : 35m(4급) 아이스 클라이밍, 트래버스
　제5피치 : 18m(3급) 아이스 클라이밍, 진자

헤크마이어 루트 개요 —『Eiger North Face Guide』에서

1. **제1필라** : 북벽의 최하단에 불쑥 솟은 기둥으로서, 제일 꼭대기에는 낙석의 위험만 제외한다면 텐트라도 칠 수 있을 만큼 평편한 자리가 있다. 루트는 보통 이 필라의 오른쪽으로 가는데, 왼쪽으로 필라의 꼭대기를 넘어서 오른쪽으로 갈 수도 있다.
2. **새터드 필라** : 힘든 크랙까지 쉽게 오를 수 있는 슬랩 지대.
3. **힘든 크랙** : 5급, 고정 자일이 설치되어 있다.
4. **힌터슈토이서 트래버스** : 80도 경사, 43m 길이, 기존의 고정 자일에 통과하고, 반 진자 반 슬랩 자세로 등반 가능. 날씨가 좋으면 15분 소요. 끝나고 마지막 스탠스에서 위로 20m 가량 직상하면 제비의 집이 나온다.
5. **제비의 집** : 두 명 가량 누워서 비박할 수 있는 오버행 밑.
6. **제1설원** : 제비의 집 왼쪽의 설원으로서 55도 경사이다. 여기를 오르면 아이스 호스가 나온다.
7. **아이스 호스** : 제2설원의 얼음과 눈이 쏟아져 내려오는 통로로서 큰 계단같이 생긴 30m 길이의 바위이나, 보통 얼음으로 덮여 있고 기온이 높을 때는 폭포로 변한다. 상태에 따라 아이젠을 벗고 오르기도 하고, 왼쪽으로 15m 되는 지점에서 크랙을 12m 정도 올라 아이스 호스 상단으로 진입할 수도 있다.

8. **제2설원** : 55도 경사로서 전장 20피치. 시작 전에 오른쪽으로 가면 비를 피하여 비박할 수 있는 약간 오버행 진 바위도 있다. 시간을 절약할 목적으로 플랫아이언 쪽으로 대각선으로 오르지 말고, 설원의 끝까지 그대로 직상한 후에 왼쪽으로 플랫아이언에서 40m 못 미치는 지점까지 트래버스한다(낙석 지대를 가장 짧은 시간에 벗어나기 위해).

9. **플랫아이언** : 오버행 왼쪽으로 얼음이 덮인 15m의 바위를 오른 후, 5급의 하켄이 잘 박혀 있는 조그만 오버행을 오르면, 약간 넓은 테라스에 서게 된다. 왼쪽으로 약간 트래버스하여 쉬운 두 피치를 오르면 리지 같은 크레스트(Crest) 부분이 된다. 크레스트 위로 한 피치를 오르면 죽음의 비박이다.

10. **죽음의 비박** : 큰 오버행의 밑으로 약간 경사가 져 있으나 두세 명이 비박하기에는 충분하다.

11. **제3설원** : 죽음의 비박에서 왼쪽으로 약간 내려오면 이곳에 도달한다. 60도 경사. 이곳까지 내려오지 않고 죽음의 비박에서 왼쪽으로 바위를 수평 트래버스하여 람프로 들어갈 수도 있으나, 눈이 덮여 있지 않으면 등반의 난이도가 높다.

12. **람프** : 평균 45도 경사. 전장 200m인 4급의 다섯 피치를 오르면 젖었거나 얼어붙어 있는 워터폴 크랙의 밑으로서 비교적 양호한 비박 자리이다.

13. **워터폴 크랙** : 얼어 있는 아침이 오르기 수월하다. 대신에 오른쪽에

있는 테레이 변형 루트(6급)를 오르면 스탠스에 닿는다. 왼쪽 끝으로 2m 트래버스하여 5급의 12m를 오르면 또 스탠스가 나온다. 계속 얼음이 얼어 있는 꿀르와르를 오르면 아이스 벌지에 이른다.

14. **아이스 벌지** : 10m의 오버행. 그냥 오를 수도 있으나 왼쪽의 4급의 하켄이 박혀 있는 바위를 오름으로써 우회할 수도 있다.

15. **람프 설원** : 55도 경사. 전장 50~60m. 낙석을 피하기 위해 오른쪽으로 붙어서 오르면, 오른쪽으로 브리틀 레지가 보인다.

16. **브리틀 레지** : 오버행으로 보호되는 앉을 만한 자리가 있다. 오른쪽 끝의 테라스에서 계속 오른쪽으로 20m 가면 크랙의 밑이다. 이 40m의 크랙을 오르면 비박지가 나온다.

17. **신들의 트래버스** : 3급의 트래버스를 오른쪽으로 계속 한다. 거미로 진입하기 전이 약간 어렵다.

18. **거미** : 전장 약 230m, 프론트 포인팅으로 혼자서 30분 가량 소요. 거미를 끝내고는 왼쪽에서 두번째 꿀르와르로 진입한다.

19. **엑시트 크랙** : 이 꿀르와르를 한 피치 오르면, 오른쪽에 15m 정도의 검은 바위 계단이 나온다. 점점 경사가 심해지고 군데군데 하켄이 박혀 있는 이 바위를 오르면 꿀르와르의 경사가 약해진다. 여기에서 왼쪽의 꿀르와르는 위가 막힌 곳이다. 오른쪽의 경사가 점점 심해지는 꿀르와르를 오르면 수정 크랙의 밑이다. 이 크랙을 오른 후 오버행이 있는 4, 5급의 40m 크랙을 오른다. 이 크랙의 꼭대기에서 완만한 슬랩을 왼쪽으로 트래버스하면, 얕은 꿀르와르에 도

달한다. 이 꿀르와르를 8m 정도 오르면 스탠스가 나온다. 여기에서 곧바로 위로 오르지 말고, 왼쪽으로 비스듬히 위로 10m 가량 트래버스하여 위를 보면, 교탁(직육면체 모양)같이 생긴 바위가 눈에 들어온다. 이 바위를 향해 약간만 오르다가(계속 오르면 위가 막혀 있다) 왼쪽 아래로 대각선으로 하강하면 경사가 선 꿀르와르 밑에 도달한다. 젖어 있거나 혹은 얼어 있는 이 꿀르와르를 4피치(처음에는 대단히 경사져 있으나, 차츰 쉬워진 후 약간 경사진 리지가 나온다)를 올라서 리지의 오른쪽으로, 역층의 어려운 4피치를 올라서 얼음으로 덮인 바위의 리지로 향한다.

20. **엑시트 설원** : 여기에 올라서서 오른쪽 대각선으로 눈과 얼음이 섞인 설원을 오르면 정상 설원에 이른다.

21. **정상 설원** : 미텔레기 능과 만나게 되고, 15분 정도 오르면 정상에 도달한다.

(좋은 상태에서는 총 20시간 정도 소요된다.)

장비 목록

장비명		수량	비고
자일(Seil)		2동	에델리드 에버드라이 (10mm x 45m와 9mm x 45m)
카라비너(Carabiner)		24개	사레와 할로우 타입
슬링(Sling)	13개		
하켄(Haken) :	～형	2개	사레와(8.5cm는 너무 짧았고 14cm짜리가 적당)
	앵글형	3개	스투바이
	블레이드형	5개	사레와
	ㄷ자형	1개	사레와(11.5cm～13.5cm짜리가 적당)
아이스 하켄(Eis Haken) :			
	스나그	4개	사레와
	워트훅	3개	인터랄프
너트(Nut)		6개	크기별 헥센트릭과 스토퍼, 티톤(불필요했음)
헬멧(Helmet)		3개	뢰머, 사레와, 맘모스
피켈(Pickel)		2개	취나드, 사레와
아이스 바일(Ice Beil)		1개	취나드
아이스 해머(Ice Hammer)		3개	포레스트, 사레와
아이젠(Eisen)		3조	샤르레 모제, 사레와
색(Sack)		3개	가리모 35ℓ ～40ℓ
젤프스트(Selfst)		3개	
유마르(Jumar)		2조	
가스버너(Gas Burner)		1개	허쉬 소형
코펠(Kocher)		1조	2인용
가스(Gas)		3통	EPI 소형
수통		2개	알루미늄제 0.8ℓ

개인별 등반 복장 명세

정광식(톱)	고소 내의 상하, 니커바지, 고어텍스 아노락 상하, 우모복 상의, 비브람(갈리비엘 슈퍼프로), 모양말(장), 모양말(단) 2, 모장갑 2, 고무장갑, 목출모.
남선우(세컨드)	고소 내의 상하, 고어텍스 아노락 상하, 우모복 상하, 침낭 커버, 비브람(갈리비엘 슈퍼 가이드), 모양말(장), 모양말(단) 2, 모장갑 2, 고무장갑, 목출모.
김정원(라스트)	고소 내의 상하, 고어텍스 아노락 상하, 우모 침낭, 니커바지, 비브람(한스바그너), 모양말(장), 모양말(단) 2, 모장갑 2, 덧장갑, 고무장갑, 목출모.

경비 명세

단위:US$

세 목	경 비	비 고
1. 장 비 비	455.18	공동장비비
2. 식 량 비	204.74	
3. 교 통 비	643.81	
4. 보 험 료	71.43	
5. 숙 박 비	136.01	움막
6. 매 식	130.29	
7. 간 식	40.14	
8. 통 신 비	68.69	전화, 우표, 엽서
9. 의 약 품	4.10	
10. 술	87.60	
11. 기 타	108.01	
계	1,950.00	

비고 : 1. 위의 경비는 각자 취리히나 프랑크푸르트 공항에 내린 후부터 베른 역에서 헤어질 때까지 들어간 비용을 계산한 것으로 항공요금, 각자 준비해온 식량과 의약품비, 개인 장비 구입비 등은 포함되어 있지 않다. 참고로 각자 준비한 식량 및 의약품비는 1인당 100달러 정도.

2. 11항인 기타 내역은 베른 역에서 비상금으로 나누어 가진 92달러가 거의 대부분.

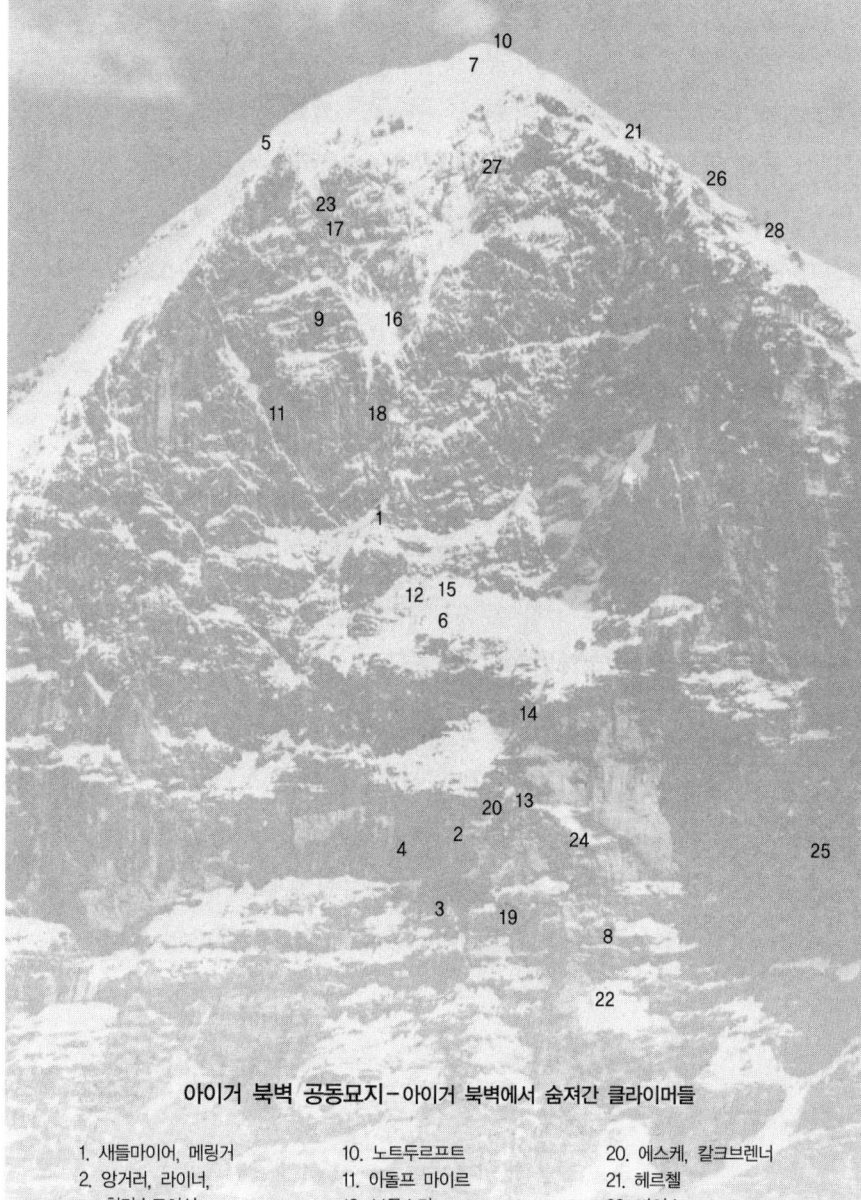

아이거 북벽 공동묘지 - 아이거 북벽에서 숨져간 클라이머들

1. 새들마이어, 메링거
2. 앙거러, 라이너, 힌터슈토이서
3. 쿠르츠
4. 산드리, 멘티
5. 고락크너
6. 쾨르버, 파스
7. 곤다, 비스
8. 무스뮐러, 죄넬
9. 롱히
10. 노트두르프트
11. 아돌프 마이르
12. 브루스터
13. 데룽그스
14. 마르하르트
15. 카루더스, 모더레거
16. 라바다, 나바로
17. 와타베
18. 할린
19. 트레블리니
20. 에스케, 칼크브렌너
21. 헤르첼
22. 바이스
23. 우르셀라
24. 마사히로, 미야가와
25. 노울스
26. 스퇴르
27. 페초우스, 지글
28. 신건호, 주동규

아이거 북벽에서의 죽음들

참고문헌: Heinrich Harrer, 『하얀 거미』(이종호 역)
　　　　　Arthur Roth, 『Eiger : Wall of Death』
　　　　　Rayton Kor, 『Beyond the Vertical』
　　　　　『Mountain』 매거진 여러 호

1. 사망자 : 막스 세들마이어(Max Sedlmayer, 독일)
2. 사망자 : 칼 메링거(Karl Mehringer, 독일)

　　연　도 : 1935년
　　경　위 : 8월 21일, 북벽 밑변의 가운데쯤에서 출발, 표고차 750m를 오른 지점에서 첫번째 비박

22일, 제1설원 통과, 제2밴드 바로 하단에서 비박.

23일, 제2설원 통과, 이때쯤 폭풍우가 강풍과 천둥·번개를 동반하여 휘몰아쳐 북벽 곳곳에 눈사태와 돌사태를 일으켰다.

24일, 계속되는 폭풍우로 북벽은 가려졌다.

25일, 정오경 플랫아이언으로 접근하는 두 개의 점이 망원경에 잡힌 후 북벽은 다시 구름에 싸였다.

26일, 폭풍우는 계속되었다(이 날 칼 메링거는 추위와 탈진으로 사망한 것으로 추정된다).

27일, 날씨는 개었으나 북벽의 어느 곳에서도 두 명의 흔적은 찾아볼 수 없었다.

9월 중순, 플랫아이언 위의 오버행 진 부분에서 눈 속에 앉은 채 반쯤 파묻혀 있는 시체 1구(후에 칼 메링거로 밝혀짐)가 정찰비행기에 의해 목격되었다(그 후, 이곳을 죽음의 비박이라 명명했다).

1936년 여름, 막스 세들마이어의 동생인 하인리히와 그의 몇몇 친구들이 막스 세들마이어의 시체를 찾기 위해 북벽의 하단부를 오르던 중, 눈 위로 삐져나온 사람의 손가락 네 개를 발견했다. 서둘러 그 자리를 파본 그들은 막스 세들마이어의 시체를 찾아냈고 그 자리에서 두 팔과 다리를 잘라 몸통과 함께 큰 백 안에 넣어 간신히 갖고 내려오는 데 성공했다.

1962년 여름(27년 뒤), 제2설원을 등반 중이던 스위스 팀이 완전히 건조되어 말라 비틀어진 칼 메링거의 시체를 발견했다.

3. 사망자 : 안데를 힌터슈토이서(Anderl Hinterstoisser, 독일)
4. 사망자 : 토니 쿠르츠(Toni Kurz, 독일)
5. 사망자 : 에디 라이너(Edi Rainer, 오스트리아)
6. 사망자 : 빌리 앙거러(Willy Angerer, 오스트리아)

　연　도 : 1936년

　경　위 : 8월 18일, 오전 2시 북벽을 향해 출발, '붉은 벽' 밑에서 왼쪽으로 80도 경사의 40m 슬랩을 트래버스했다(이후 이곳은 힌터슈토이서 트래버스라고 명명되었다). 제1설원에서 앙거러가 머리에 낙석을 맞아 전진 속도가 느려졌다. 아이스 호스를 통과하여 제2설원 왼쪽 하단에서 비박했다.

19일, 제2설원과 플랫아이언을 통과하여, 죽음의 비박 수십 미터 아래에서 비박했다.

20일, 힌터슈토이서와 쿠르츠는 제3설원을 향해 조금 전진하다가 앙거러를 데리고 후퇴하기로 결정했다. 다시 비박 자리로 모인 네 명은 하강하기 시작했다. 제2설원과 아이스 호스를 지나 붉은 벽의 왼쪽 상단에서 비박했다. 밤새 비가 내렸다.

21일, 제1설원을 하강하여, 힌터슈토이서는 눈보라가 치는 가운데 힌터슈토이서 트래버스를 되돌아가려고 계속 노력을 했으나, 기온이 내려가 모든 홀드와 스탠스에 얼음이 얼어붙어서 결국 실패했다. 제1설원 밑의 약 200m의 직벽 제1밴드를 똑바로 하강하는 도중 쿠르츠만 제외하고 나머지 세 명 모두 추락사 혹은 동사했다. 쿠르츠는 자일 끝에 매달린 채 밤을 지샜다. 세 명의 가이드가 구출을 시도했으나 접근조차 실패했다(쿠르츠의 7, 80m 아래까지 도달).

22일, 기온은 더 내려가고 눈보라는 시야를 좁게 만들었다. 여분의 자일을 준비한 가이드들은 아이거 굴 속을 기차를 이용하여 올라온 후, 갱도 입구로 기어나와 전날의 도달 지점까지 올라갔다. 쿠르츠는 장장 여섯 시간에 걸쳐 하켄이 있는 곳까지 다시 올라가서 자일의 가닥을 풀어 서로 연결시켜 아래로 늘어뜨리는 데 성공했다. 가이드들은 여기에 몇 동의 자일과 하켄을 묶어 올려보냈다. 쿠르츠는 그 자일들을 서로 묶어 길게 늘어뜨리고 하강하여 가이드들이 서 있던 곳에서 5m도 채 안 되는 지점까지 내려왔으나 거기에서 멈추고 말았다. 자일을 연결한 매듭이 그의 하강용 카라비너에 끼어 더 이상 올라가지도 내려가지도 못하게 된 것이다. 가이드들은 쿠르츠에게 가까이 가려고 온갖 노력을 다 기울였으나 피켈로 그의 아이젠 발톱을 겨우 건드릴 수 있는 높이가 고작이었으므로, 쿠르츠는 곧 탈진으로 사망했다.

그 후 그의 시체는 가이드들이 긴 막대기에 칼을 묶어 자일을 끊어 북벽 밑으로 떨어뜨림으로써 회수되었다.

7. 사망자 : 버틀 골락크너(Bertl Gollackner, 오스트리아)

　연　도 : 1937년

　경　위 : 골락크너와 프란츠 프리마스(Franz Primas)는 북벽을 정찰하기 위해 라우퍼 능을 당일로 왕복할 계획으로 비박 장비도 없이 출발했으나 악천우를 만나 세 번 비박한 후, 골락크너는 정상 가까이에서 탈진으로 사망하고, 프리마스는 두 명의 오스트리아 등반가에 의해 구조되었다.

8. 사망자 : 바르톨로 산드리(Bartolo Sandri, 이탈리아)

9. 사망자 : 마리오 멘티(Mario Menti, 이탈리아)

연　도 : 1938년

경　위 : 6월 21일, 2년 전의 세들마이어와 메링거 루트를 따라 오른 후 비박에 들어갔을 때, 폭풍우가 시작되어 아이거는 눈사태와 돌사태로 휩싸이고 말았다.

22일, 두 사람의 흔적은 어디에서도 찾을 수 없었다. 그 후 그들의 시체가 북벽 밑의 베르그슈룬트와 크레바스에서 각각 찢겨진 채 처박혀 있는 것이 발견되었다.

10. 사망자 : 파울 쾨르버(Paul Körber, 독일)
11. 사망자 : 롤란트 파스(Roland Vass, 독일)

　　연　도 : 1953년

　　경　위 : 7월 26일, 출발하여 플랫아이언에서 비박했다.

　27일, 짙은 가스로 정확히 관찰되지는 않았으나 느린 속도로 계속 전진했다.

　28일, 제2설원으로 퇴각하던 중 한 명이 추락하면서 다른 한 명도 그와 연결된 자일에 이끌려 추락사하고 말았다.

12. 사망자 : 울리 비스(Uli Wyss, 스위스)
13. 사망자 : 칼 곤다(Karl Gonda, 동독)

　　연　도 : 1953년

　　경　위 : 8월 20일, 등반 시작.

23일, 엑시트 크랙을 등반하는 모습이 발견되었으나 다시 가스에 가려졌다. 다시 그들이 보였을 때, 그들은 정상에서 불과 4, 50m 못 미친 정상 설원을 등반 중이었다. 곧 가스가 그들을 감싼 뒤 가스가 다시 벗겨졌을 때 추락하기 시작하는 모습이 발견되었다. 그 후 북벽의 밑부분에서 그들 몸의 일부라고 여겨지는 부분들이 여기저기에서 발견되었다.

14. 사망자 : 프란츠 무스뮐러(Franz Moosmüller, 독일)
15. 사망자 : 만프레트 죄넬(Manfred Söhnel, 독일)
 연　도 : 1956년
 경　위 : 8월 8일, 힘든 크랙에서 무스뮐러가 추락하면서 죄넬도 함께 채어가 둘은 북벽 아래까지 추락하여 사망했다.

16. 사망자 : 스테파노 롱히(Stefano Longhi, 이탈리아)
17. 사망자 : 귄터 노트두르프트(Günter Northdurft, 독일)
18. 사망자 : 프란츠 마이어(Franz Mayer, 독일)
 연　도 : 1957년
 경　위 : 8월 3일, 롱히와 클라우디오 코르티(Claudio Corti)의 이탈리아 조는 세들마이어와 메링거 루트를 따라 북벽을 출발해 제1설원 밑에서 비박했다.
 4일, 오른쪽으로 트래버스하여 힌터슈토이서 트래버스 전에서 비박했다.

5일, 독일 팀과 합류했다. 힌터슈토이서 트래버스, 제1설원과 아이스 호스를 지나 두 팀이 함께 비박했다. 이날 밤 독일 팀의 식량 주머니가 북벽 밑으로 떨어졌다.

6일, 이 날부터 네 명 중 가장 등반 기술이 뛰어난 노트두르프트가 심한 복통과 두통으로 끌려 올라가다시피 했다. 두 팀은 제2설원을 지나 죽음의 비박에서 비박했다.

7일, 제3설원을 통과하여 람프의 워터폴 크랙 밑에서 비박했는데, 이 날부터 롱히가 탈진 증세를 보였다. 밤에는 비가 내렸다.

8일, 코르티가 톱을 서고 오르면서 코스를 잘못 들어서인지 신들의 트래버스로 가지 않고 훨씬 위쪽에서 오른쪽으로 트래버스하기 시작해서 거미의 왼쪽 상단부에 거의 도착했을 때쯤, 라스트인 롱히가 오버행 밑으로 추락했다. 이 추락을 제동하기 위해 자일을 잡다가 코르티는 손에 화상을 입었다. 이 날 리오넬 테레이, 리카르도 캐신 등을 비롯한 약 50명의 독일, 스위스, 오스트리아, 네덜란드, 이탈리아, 프랑스와 폴란드의 가이드와 등반가들이 구조대에 참여했다. 롱히가 추락해 매달린 곳에서 약 2m 더 아래의 테라스로 내려서게 하고, 그에게 구조될 때까지 기다리라고 외치고 나머지 세 명은 등반을 계속했다. 거미의 상단을 지나 엑시트 크랙을 3분의 1 가량 올라왔을 때, 톱을 서던 코르티가 머리에 낙석을 맞아 20m 가량 추락했다. 머리에 부상을 입고 한동안 의식을 잃기도 했던 코르티를 부근의 좁은 테라스에 앉히고, 독일 팀은 구조를 요청하기 위해 등반을 계속했다. 그들은 자정이 넘어 정상에 도달한 것으로 추측된다.

10일, 정상에 모인 약 30명의 구조대는 케이블을 내리고 구조작업을 펴기 시작했으나 급격히 떨어진 기온과 강풍으로 별 진전을 보지 못했고 구조대는 정상 부근에서 모두 비박했다.

11일, 정상에서 약 200m 정도 아래에 있던 코르티는 케이블로 하강한 독일의 알프레트 헬레파트(Alfred Hellepart)에 의해 정상으로 업혀 올려졌다. 롱히의 구조는 급변한 악천후로 연기되었다. 구조대는 정상에서 두번째 비박을 했다.

12일, 밤새 많은 눈이 내렸다. 코르티는 서릉을 통해 아래로 후송되었다. 독일 팀 두 명의 흔적은 어느 곳에서도 발견할 수 없었다. 클라이네 샤이데크에서 망원경으로 관측한 바에 의해 롱히는 사망했을 것으로 판단되었고, 구조대는 철수했다. 그 후 2년 동안 롱히의 시체는 처음 자리에서 미끄러졌는지 약 5m 아래의 허공에 대롱대롱 매달린 채 있었다. 아이거가 가장 잘 보이는 클라이네 샤이데크의 유료 망원경 앞에는 관광객들이 매달린 시체를 보기 위해 길게 줄을 늘어섰다.

1959년 6월, 정상에서부터 케이블을 설치하여 내려간 스위스 가이드들에 의해 롱히의 시체가 회수되었고 검시 결과, 롱히는 사망하기 전날 스탠스에서 강풍에 날렸는지 추락하면서 다리에 두 군데의 골절상을 입고 생의 마지막 밤을 자일에 대롱대롱 매달린 채 고통과 추위와 기아 속에서 처참하게 끝마친 것으로 밝혀졌다.
1961년 9월 21일, 스위스 가이드들에 의해 독일 팀 두 명의 시체는 남서릉 쪽에서 발견되었다.

19. 사망자 : 아돌프 마이르(Adolf Mayr, 오스트리아)

   연　도 : 1961년

   경　위 : 8월 27일, 아침에 단독 등반을 시작한 후 오후 3시에 죽음의 비박에 도달하여 비박했다. 밤새 심한 설사에 시달렸다.
   28일, 람프의 워터폴 크랙에서 추락하여 북벽의 아래까지 떨어져 사망했다.

20. 사망자 : 배리 브루스터(Barry Brewster, 영국)

   연　도 : 1962년

   경　위 : 7월 24일, 브라이언 낼리(Brian Nally, 영국)와 함께 등반을 시작하여 제비의 집에서 비박했다.
   25일, 새벽 5시에 출발하여 제1설원을 끝냈으나 아이스 호스 밑의 제2밴드에서 루트를 잘못 들어 두 시간을 허비했다.
   제2설원을 대각선으로 가로질러 끝내고 플랫아이언의 바위벽을 브루스터가 톱으로 오르던 중 낙석을 맞아 30m 추락하여 의식을 잃고 말았다. 낼리는 그가 추락한 제2설원까지 하강했다. 얼음을 까내 비박 자리를 만들어 그를 묶고 비박 채비를 해준 후 조금 위로 올라가 비박했다.

26일, 아침에 브루스터는 의식을 회복했으나 곧 사망했다. 비박 자리에 묶여 있던 그의 시체는 돌사태에 휩쓸려 벽 밑으로 떨어졌다. 낼리는 등반 중이던 영국의 돈 윌런스와 크리스 보닝턴에 의해 구조되어 빗물이 폭포같이 쏟아져 내리는 제2설원을 하강하여 갱도 입구로 탈출하는 데 성공했다.

21. 사망자 : 아돌프 데룽그스(Adolf Derungs, 스위스)
    연 도 : 1962년
    경 위 : 7월 31일, 단독 등반을 위해 정오경 북벽을 향해 출발했다. 제비의 집에서 비박할 예정이었으나 약속 시간인 밤 9시에 불빛 신호가 없었다.
    8월 1일, 날씨가 나빠져 시계가 거의 제로로 떨어졌다.
    5일, 10여 명의 가이드들이 북벽 밑의 설원 구석에 눈에 반쯤 파묻혀 있는 그의 구겨진 시체를 회수했다.

22. 사망자 : 디터 마르하르트(Diether Marchart, 오스트리아)
    연 도 : 1962년
    경 위 : 8월 27일, 새벽에 출발하여 아이스 호스를 등반하던 중 밝혀지지 않은 이유로 추락사했다.

23. 사망자 : 에곤 모더레거(Egon Moderegger, 오스트리아)
24. 사망자 : 톰 캐러더스(Tom Carruthers, 영국)

　　연　도 : 1962년

　　경　위 : 8월 27일, 새벽에 출발한 이들은 오후 5시경 제2설원을 통과할 때 쏟아져 내린 거대한 낙석들에 휩쓸려 북벽 밑으로 추락해 사망했다.

25. 사망자 : 알베르토 라바다(Alberto Rabada, 스페인)
26. 사망자 : 에르네스토 나바로(Ernesto Nabarro, 스페인)

　　연　도 : 1963년

　　경　위 : 8월 11일, 북벽 등반을 시작하여 제2설원 하단에서 첫번째 비박을 했다.

12일, 오후에 일기가 악화된 가운데, 죽음의 비박에서 두번째 비박을 했다.

13일, 저녁 늦게 워터폴 크랙을 등반하려는 것이 아래에서 망원경으로 관측되었다. 밤에 날씨는 회복되었다.

14일, 신들의 트래버스를 거의 다(4분의 3) 통과하여 작은 스탠스에서 비박했다. 다시 일기가 악화되어 폭풍우가 몰아치기 시작했다.

15일, 악천후가 계속되는 가운데 아이거는 가스에 가려 보이지 않았다.

16일, 토니 히벨러와 존 할린 등을 비롯한 몇 명의 등반가들이 구조를 위해 서릉으로 올라가며 북벽을 향해 그들에게 소리쳤으나 대답이 없었고, 그들의 위치를 확인하는 데 실패했다.

17일, 클라이네 샤이데크에서 망원경으로 거미에 붙어 있는 두 개의 움직이지 않는 검은 점이 관측되었다. 정오경 북벽을 향해 이륙한 헬리콥터는 두 명의 사망자를 확인하고 돌아왔다.

12월 27일, 넉 달 후인 겨울, 세 명의 젊은 스위스 가이드들이 그들의 시체를 회수하러 출발했다. 그들은 서릉을 통해 정상에 도달하여 비박에 들어갔다.

28일, 아침 일찍 라디오에서 앞으로 3~4일간 날씨가 좋을 것이라는 일기 예보를 확인하고 미텔레기 능의 상단부를 거쳐 엑시트 설원과 엑시트 크랙을 하강하여 오후 일찍 거미의 상단부에 도달했다. 비박 자리를 만들고 나바로의 시체를 묶는 데 남은 해를 보내고 비박에 들어갔다.

29일, 세 시간 동안 라바다의 시체를 얼음에서 파내 나바로의 시체와 같이 묶어서 내려뜨리며 거미를 내려왔다. 250m나 되는 중앙 필라를 거쳐 플랫아이언까지 하강하여 비박했다.

30일, 아침에 기상한 가이드들은 밤 사이 두 구의 시체가 없어져 버린 것을 알고 경악했다. 나중에야 그것들이 눈사태에 휩쓸려 북벽 아래까지 떨어진 것을 알았다(그 두 구의 시체는 가이드들의 노력을 덜어주기로 결심했는지도 모른다). 힌터슈토이서 트래버스 전에서 마지막 비박을 했다.

31일, 귀환 완료. 시체는 북벽 아래서 회수되었다.

27. 사망자 : 추니키 와타베(Tsuneaki Watabe, 일본)

  연　도 : 1965년

  경　위 : 8월 19일, 미수마사 다카다(Misumasa Takada, 일본)와 함께 출발해 제비의 집에서 비박했다.

  20일, 람프에서 두번째 비박을 했다.

  21일, 엑시트 크랙을 거의 올라갈 무렵, 톱을 서던 와타베가 약 30m 정도 추락해 다리에 골절상을 입었다. 와타베를 조그만 스탠스에 확보시키고 구조를 요청하기 위해 혼자 정상을 향해 계속 올라갔다(이때가 오후 5시). 다카다는 눈이 계속 오는 가운데 정상을 거쳐 서릉으로 하산했다.

  22일, 새벽 4시 30분 구조 요청. 가이드들의 판단 잘못으로(다카다는 가이드들에게 자신이 조난 위치를 정확하게 알고 있으므로 구조를 돕기 위해 같이 올라가겠다고 했으나 그들은 거절했고, 다카다 또한 그냥 눌러앉고 말았다) 전문 구조대는 아무도 출발하지 않았고(그들은 비행기 사전 정찰로 정확한 조난 위치를 알아야 한다고 고집했다) 오히려 여섯 명의 일본인들이 구조를 위해 서릉을 올라가다 중간에서 비박을 했다. 한편 오전 11시에 클라이네 샤이데크에 온 헬리콥터는 일기 불순을 이유로 아이거 비행을 거절했고, 바람의 영향을 덜 타는 더 큰 헬리콥터가 클라이네 샤이데크에 도착한 것은 오후 4시였다.

거기에서 북벽을 향해 날아오른 헬리콥터는 엑시트 크랙에서 아무 것도 발견할 수 없다고 보고했다. 오후 6시경 클라이네 샤이데크에서 망원경으로 북벽의 하단부 설원에 처박혀 있는 빨간 색의 덩어리를 발견했다. 곧 이어 7시 30분, 헬리콥터는 와타베의 시체를 회수하여 왔다. 와타베가 확보한 스탠스에서 자리를 옮기다가 실수로 추락했는지, 하이포서미아로 인한 정신 이상으로 날뛰다가 추락했는지, 혹은 몇 년 전에 비참하게 죽은 롱히의 최후를 떠올리고는 스스로 북벽 밑으로 몸을 던졌는지는 죽은 자만이 알 것이다. 그 후 현지 가이드들과 구조대는 판단 착오에 대한 매서운 비판을 감수해야 했다. 만약 아이거를 아는 단 두 명의 구조대가 여분의 자일을 갖고 엑시트 설원까지만 헬리콥터로 올려졌더라도 충분히 구조될 수 있었던 것이다.

28. 사망자 : 존 할린(John Harlin, 미국)

    연　도 : 1966년

    파트너 : 레이턴 코어(Layton Kor, 미국), 듀걸 해스턴(Dougal Haston, 영국), 크리스 보닝턴(Chris Boington, 영국)

    경　위 : 2월 3일, 클라이네 샤이데크의 호텔 부속건물에 베이스 캠프를 정했다.

    20일, 같은 직등루트를 시도하는 여덟 명의 독일 등반대(Jörg

Lehne, Peter Haag, Günter Schnaidt, Karl Golikow, Siegfried Hupfauer, Rolf Rosenzopf, Günter Strobel, Roland Votteler)와 협상하여 이미 각 팀이 설치한 고정 자일은 같이 사용하며, 어느 팀이든 루트를 먼저 개척하면 그 루트를 같이 사용하기로 합의했다.

3월 9일, 양팀 동시에 죽음의 비박에 도달했는데 조그만 사고가 발생했다. 영·미 팀 네 명이 좁은 설동 안에서 웅크리고 차를 끓일 때 가스 버너에 불이 붙었다. 순간적으로 해스턴은 폭발할까 봐 버너를 집어서 설동 밖을 향해 던졌으나 버너는 입구를 맞고 다시 보닝턴 옆으로 떨어졌다. 본능적으로 설동 밖을 향해 몸을 날리던 보닝턴은 입구에서 가까스로 팔을 뻗쳐 멈추었다. 설동 밖에는 1,200m의 허공이 그를 기다리고 있었다. 그와 동시에 불타고 있던 버너가 다시 보닝턴의 귀 옆을 스치고 설동 밖으로 날아가 어둠 속으로 긴 꼬리를 남기며 사라져갔다. 할린이 정확히 집어던진 것이었다. 그들의 설동이 오래된 커니스의 튀어나온 부분에 설치되어 있어 조금만 힘주어 밟으면 그린델발트가 내려다보이는 구멍이 뚫릴 정도로 아슬아슬한 곳이었다고 밝혀진 것은 그 다음날 아침이었다.

19일, 영·미 등반대의 코어와 보닝턴은 직등루트 성공의 가장 결정적인 부분이 되는 중앙 필라를 오르는 데 성공하여 거미의 발 끝에 접근했다. 중앙 필라 개척에 실패한 독일 등반대가 합동으로 등반할 것을 요청해와 영·미 등반대는 이를 수락했다. 이즈음 영·미 등반대의 지원담당(클라이네 샤이데크에서 통신을 담당하거나 1, 2 캠프까지 물자를 수송하는 역할)이었던 돈 윌런스(Don Willans)는 믹 버크(Mick Burke : 1941년 영국 태생. 뛰어난 등반가이자 사진사로서 세로토레, 안나푸르나 남벽 등의 원정에 참가했고, 1975년 크리스 보닝턴이 이끄는 에베레스트 남서벽 등반에 참여했다가 정상 부근에서 실종되었다. 정상 도달 후 하산 중 추락사한 것으로 추정된다)로 교체되었다.

21일, 해스턴과 할린은 새벽 1시에 클라이네 샤이데크를 출발하여, 죽음의 비박에 도착했다. 이날 선두에 선 코어와 독일 등반대의 레네, 골리코브는 거미의 중간까지 도달하여 독일 등반대 두 명은 비박하고 코어는 죽음의 비박으로 하강했다.

22일, 코어는 클라이네 샤이데크로 하강했다. 정오에 클라이네 샤이데크의 보닝턴으로부터 독일 등반대가 벌써 파리(거미의 오른쪽 위편에 위치한 조그만 설원)를 등반하고 있다는 소식을 전해들은 할린과 해스턴은 곧 죽음의 비박을 떠나 거미로 향하는 중앙 필라의 고정 자일을 유마링으로 오르기 시작했다. 수년 동안 준비해온 아이거 직등루트 초등의 영광을 독일 팀에게 빼앗기고 싶지 않았기 때문이다. 거미에 도달하기 4, 50m 전쯤 중앙 필라 마지막 부분, 독일 등반대의 수송담당이었던 후프파우어가 먼저 고정 자일을 오르고 뒤이어 해스턴이 올라와 둘은 조그만 스탠스에서 할린이 올라오길 기다렸다. 30분이 지나고 한 시간이 지났다. 후프파우어는 먼저 올라가고 곧 이어 1차 짐수송을 마치고 2차 수송을 위해 내려가던 독일 등반대의 보텔러가 해스턴이 서 있던 스탠스까지 왔다. 해스턴은 그에게 "자일을 걸고 하강 중에 할린을 만나면 파리까지 먼저 올라갔노라고 전해달라"고 하고 유머링으로 계속 위로 오르기 시작했다. 3시 15분경 영·미 등반대의 스폰서이기도 한 영국의 신문사 '위켄드 텔레그래프'에서 파견한 기자인 피터 질맨(Peter Gillman)은 클라이네 샤이데크에서 등반의 진행 상황을 망원경으로 지켜보다가 중앙 필라에서 빨간 물체가 떨어지는 것을 발견했다. 잠시 후 코어와 보닝턴이 스키로 북벽의 밑, 고정 자일이 시작되는 지점까지 갔을 때 확인한 것은 할린의 시체였다. 그들은 눈물을 흘리며 그 자리에 주저앉고 말았다. 곧 이어 거미에 있던 해스턴도 이를 알게 되었다. 독일 등반대의 후프파우어는 하강하다 보니, 고정 자일이 중간에 끊어져 있었다고 했다. 또한 거미에 있던 골리코브는 그들의 무전기를 갖고 내려와(그는 거미에서 무전기를 갖고 내려온다며 올라갔으나 당황하여 그냥 내려오다가 다시 가지러 올라가기를 두 번이나 반복했다. 이번에는 그가 아는 유일한 영어인 'It's a hard life—인생은 고달파' 란 말을 쓸 필요가 없었다. 바로 그 현장보다 더 고달플 수는 없었기에……) 해스턴을 위로하며 같이 비박에 들어갔다. 죽은 할린도 원하리라고 믿으면서 등반을 계속하기로 하고 이 등반이 성공하면 '존 할린 직등루트'로 명명하기로 의견을 같이 했다.

23일, 골리코브는 죽음의 비박으로 하강하던 중 고정 자일이 여섯 군데나 암벽에 쓸려서 약해진 것을 발견했다(후에 이 부분의 고정 자일은 모자라서 현지에서 추가로 구입한 불량품이었음이 밝혀졌다). 보닝턴과 버크는 정상 부근까지 헬리콥터를 전세내 올라가 등반대를 맞을 준비를 하며 비박했다. 등반대는 이날 파리 위로 30m 더 올라갔고 오후 늦게부터 눈이 내리기 시작했다.

24일, 바람이 거세지고 기온이 급강하했다.

시계는 때때로 1m 정도로 떨어졌다. 65m 전진(1~2피치만 더 오르면 정상 설원에 도달할 정도의 위치). 등반대는 이틀째 설동도 없이 비박했다.

25일, 60시간이나 아무것도 먹지 못한 채 정상 도달에 성공했다(독일 등반대의 레네, 슈트로벨, 영·미 등반대의 해스턴, 다시 독일 등반대의 후프파우어, 보텔러의 순서로). 이 날 오후 할린의 집이 있는 스위스 레이진에서 그의 장례식이 있었다. 등반대가 보낸 화환에는 단 두 마디가 쓰여져 있었다. 'Good-bye John.'

29. 사망자 : 롤랑 트래블리니(Roland Travellini, 프랑스)

  연　도 : 1967년

  경　위 : 3월 어느 날 아침 북벽 단독 등반을 위해 클라이네 샤이데크를 출발한 후 그의 모습은 북벽 어디에서도 발견되지 않았다. 북벽의 하단부를 등반하던 중 추락하여 크레바스에 영원히 파묻혀버린 것으로 보인다. 아마 수백 년 후 빙하가 조금씩 아래로 흘러내려 녹으면 발견될지도…….

30. 사망자 : 귄터 바르무트(Günter Warmuth, 독일)
31. 사망자 : 쿠르트 리히터(Kurt Richter, 독일)
32. 사망자 : 프리츠 에스케(Fritz Eske, 독일)
33. 사망자 : 귄터 칼크브렌너(Günter Kalkbrenner, 독일)

연　도 : 1967년

경　위 : 7월 21일, 7월 16일과 17일 이틀에 걸쳐 마터호른 북벽을 등반한 후, 아이거로 옮긴 이 4인조 등반대는 오후 1시에 북벽의 하단부를 출발했다. 힘든 크랙을 지나 계속 오르던 중, 4시 15분경에 톱인 리히터가 추락했다. 세컨드인 에스케에 의해 그의 추락이 정지되는 듯 자일이 팽팽해지는 순간 그도 떨어지기 시작하고 곧이어 서드인 바르무트도 채여서 추락하기 시작했다. 마침내 라스트인 칼크브렌너도 세 명의 추락자들의 무게와 가속도가 만들어내는 힘에 채여서 떨어져갔다. 네 개의 덩어리는 북벽의 여기저기를 부딪히며 서로 당기고 이끌리며 아래까지 추락해갔다.

22일, 아침 그린델발트 가이드들로 구성된 구조대는 라스트인 칼크브렌너를 제외한 나머지 세 명의 시체를 북벽 아래의 너덜 지대와 크레바스 사이에서 회수했다.

8월 1일, 북벽을 등반 중이던 체코 등반대에 의해 칼크브렌너의 시체도 새터드 필라의 바로 왼쪽에서 발견되었다.

34. 사망자 : 한스 헤르첼(Hans Herzel, 오스트리아)
35. 사망자 : 쿠르트 라이하르트(Kurt Reichardt, 오스트리아)

    연 도 : 1967년

    경 위 : 8월 중순, 플랫아이언에서 첫번째 비박. 이튿날 악화된 날씨 가운데 신들의 트래버스 초입에서 두번째 비박을 하고 다음날 밝게 개어 햇볕이 내리 쪼이는 정상을 거쳐 서릉으로 하산하기 시작했다. 서릉은 신설 후의 기온 강하로 상당히 미끄러웠다. 서로 확보를 하지 않은 채 안자일렌(연등과 동의어)으로 하강하던 중 한 명이 미끄러지고 곧 이어 다른 한 명도 연결된 자일에 추락하여 사망했다.

36. 사망자 : 마르틴 바이스(Martin Weiss, 오스트리아)

    연 도 : 1969년

    경 위 : 8월 3일, 단독 등반을 시도하다가 북벽의 하단부에서 추락, 사망했다.

37. 사망자 : 안젤로 우르셀라(Angelo Ursella, 이탈리아)

    연 도 : 1970년

    경 위 : 7월 13일, 세르조 드 인빤티(Sergio de Infanti, 이탈리아)와

함께 북벽을 오르기 시작했다.

16일, 세 번의 비박으로 엑시트 크랙의 1957년 코르티 사고 지점까지 도달했을 때였다. 톱으로 오르던 우르셀라가 약 30m를 추락했다. 그의 추락을 제동하느라 스탠스에서 조금 밀려났던 인빤티가 그의 스탠스로 겨우 되돌아왔을 때 그의 파트너인 우르셀라는 이미 사망한 뒤였다. 추락하면서 자일이 그의 목에 걸려 질식한 것이었다. 다음날 아침 출동한 헬리콥터 구조대에 의해 그들은 클라이네 샤이데크로 옮겨졌다.

38. 사망자 : 후루카와 마사히로(Furukawa Masahiro, 일본)
39. 사망자 : 마사루 미야가와(Masaru Miyagawa, 일본)

  연 도 : 1972년

  경 위 : 8월 1일, 오후 1시에 출발한 이들은 두세 시간 만에 힘든 크랙에 도달하여 등반하던 중 어떤 알 수 없는 이유로 떨어지기 시작, 약 300m 추락하여 사망하고 말았다.

40. 사망자 : 데이브 노울스(Dave Knowles, 영국)

  연 도 : 1974년

  경 위 : 클린트 이스트우드 주연의 「아이거의 형벌(Eiger Sanction)」이란 영화를 촬영하는 데 자문 역할을 했던 그는 듀걸 해스턴, 해미시 맥킨스(Hamish MacInnese), 존 클레어(John

Cleare) 등과 함께 고용되어 있었다. 서릉에서 한 명이 낙석에 맞아 부상당하는 장면을 찍은 직후 실제로 노울스가 낙석에 맞아 사망했다.

41. 사망자 : 쿠르트 스퇴르(Kurt Stör, 독일)
    연 도 : 1976년
    경 위 : 7월 17일, 베르너 하저(Werner Haser, 독일)와 등반을 시작해서 제비의 집에서 첫번째 비박을 했다.
    18일, 브리틀 레지에서 두번째 비박.
    19일, 엑시트 크랙에서 마지막 비박.
    20일, 오전 10시 30분 정상을 거쳐 서릉으로 하산하던 중 스퇴르가 미끄러져 추락하면서 연결된 자일로 하저를 끌고 약 200m 추락했다. 스퇴르는 사망하고 하저는 살아서 헬리콥터로 구조되었다.

42. 사망자 : 지리 페초우스(Jiri Pechous, 체코슬로바키아)
43. 사망자 : 지리 지글(Jiri Siegl, 체코슬로바키아)
    연 도 : 1978년
    경 위 : 4월 28일, 빅토르 자롤림(Viktor Jarolim, 체코슬로바키아), 하인츠 스코펙(Heinz Skopeck, 체코슬로바키아) 등과 함께 등반했다. 1976년 개척된 '체코슬로바키아 직등루트'의 마지막 부분이 정상까지 이어지지 않고 서릉으로 빠져나오는데, 이것을 수정하여

새로운 직등루트를 완성하기 위해 지글과 페초우스 2인조는 중앙 필라의 마지막 캠프를 출발하여 정상으로 향했다. 뒤이어 자롤림과 스코펙이 파리 위의 필라에 도착했을 때, 두 개의 배낭과 몇 미터의 끊어진 자일만 보일 뿐 먼저 간 두 명의 흔적은 어디에서도 찾을 수가 없었다. 자롤림과 스코펙은 슬픔 속에 철수하고 말았다. 5월 3일, 지글과 페초우스의 시체가 북벽 밑에서 발견되었다.

지상에서 가장 아름다운 도전
아이거 북벽

1판 1쇄 발행 | 2003년 7월 20일
1판 3쇄 발행 | 2007년 1월 15일

지은이 | 정광식

펴낸이 | 박세경
펴낸곳 | 도서출판 경당
출판 등록 | 1995년 3월 22일(등록번호 제1-1862호)

주　소 | 121-841 서울시 마포구 서교동 438-13번지
전　화 | 02-3142-4414~5 팩스 | 02-3142-4405
이메일 | kdpub@freechal.com

ISBN 978-89-86377-25-5 03000
값 9,800원

* 잘못 만들어진 책은 바꾸어드립니다.
* 이 책은 1989년 출간된 『영광의 북벽』의 개정판입니다.